Frank Weniger – Knäuel

Frank Weniger

Knäuel

mit Illustrationen von Peter Guckes

Stachelbart-Verlag

Bibliografische Information der Deutschen Nationalbibliothek:
Die Deutsche Nationalbibliothek verzeichnet diese Publikation in
der Deutschen Nationalbibliografie; detaillierte bibliografische
Daten sind im Internet über http://dnb.d-nb.de abrufbar.

1. Auflage: März 2019
© 2019 Stachelbart-Verlag, Erlangen
www.stachelbart-verlag.de
Alle Rechte vorbehalten

Satz: Gutenberg Druck & Medien GmbH, Uttenreuth
Druck: CPI books GmbH, Leck
Printed in Germany
ISBN 978-3-945648086

Inhalt

Vorwort

Liebe Leserin, lieber Leser,

dieses Buch habe ich für dich geschrieben, sofern du Humor hast, acht Jahre oder älter bist, krank oder gesund, lebensfroh oder traurig, ob du schon eine Leseratte bist oder erst werden willst. Warum? Weil es darin um Freundschaften, um Ungerechtigkeiten, um Geschwisterliebe, um Familie überhaupt, um Fußball, um Schule und … um Knäuel geht! Wahrscheinlich werden dir viele Stellen bekannt vorkommen. Den Schluss darf ich hier natürlich nicht verraten. Nur so viel: Am Ende sind alle Gewinner.

Es ist ein Buch, das ich vier Jahre nach einer schweren Krankheit geschrieben habe. Ich war damals Lehrer und Rektor an einer Grundschule. Mein Leben sollte noch ein Jahr dauern. Nun – vier Jahre später – möchte ich etwas von meinem Glück zurückgeben. Ich danke Herrn Professor Dr. Marcos Tatagiba aus Tübingen, der mich operiert hat, und all denen, die an meiner bisherigen Genesung beteiligt waren, besonders Frau Dr. Milian und Professor Dr. Mose. Und nicht zuletzt: meiner Frau. Jeder von ihnen hat dazu beigetragen, dass es dieses Buch gibt.

Rottweil, im Januar 2019   Frank Weniger

1. Sam und Martha

„Samuel, kommst du?", ruft Mama.

Samuel sagt nichts. Er zieht sich die warme Decke bis zum Hals hoch. Er ist immer noch sauer. Er hat keine Lust aufzustehen.

„Samuel, es ist Zeit zum Frühstück, sonst kommst du zu spät zur Schule!" Mama, die unten im Flur steht und die Treppe hoch ruft, wird nun lauter. Sie klingt noch nicht meckerig. Aber sie hat ihn an etwas erinnert, das ihn richtig sauer macht: Heute ist der erste Schultag nach den Weihnachtsferien.

An Weihnachten ist ihm eine Laus über die Leber gelaufen. Ach was, eine Laus ... Eine richtige Läuseschar krabbelte in seinem Bauch herum. Er hatte sich zum x-ten Male zu Weihnachten einen Hund gewünscht. Ach was, gewünscht. Wochenlang hatte er darum gebettelt, einen Hund zu bekommen. Dieses Jahr musste das doch klappen. Im letzten Jahr hatte es immer geheißen, dass er noch zu klein sei, um für einen Hund zu sorgen. Mama und Papa hatten ihm immer wieder erklärt, dass ein Hund regelmäßig raus müsse, dass man für so ein Geschöpf Zeit brauche. Davon hätten sie leider zu wenig, weil Papa den ganzen Tag arbeite und Mama vormittags auch. Mit acht Jahren sei er noch zu klein, um morgens vor der Schule mit einem Hund Gassi zu gehen.

Und da ist auch noch Martha ... Das ist Samuels Schwester – sechs Jahre alt, aber keine normale Sechsjährige. Martha geht zwar in den Kindergarten, doch sie kann noch keinen Stift halten. Sie kennt nicht so viele Wörter wie die anderen Kinder, die im Sommer in die Schule kommen. Sie sieht auch nicht so aus wie die anderen Kinder. Martha hat eine Stupsnase, ihre Augen stehen etwas weiter auseinander und sind schräg. Martha sei „geistig behindert", sagen die Leute. Sie hat das Down-Syndrom.

Martha kann sich auch noch nicht allein anziehen und braucht immer jemanden, der auf sie aufpasst. Deshalb ruft Mama Samuel von unten zu, dass er aufstehen soll. Sie kann seine Schwester nicht lange aus den Augen lassen.

Samuel, der eigentlich nur von Mama und Papa so genannt wird und sonst von allen nur „Sam", will nicht aufstehen. Er zieht sich die Decke über den Kopf, igelt sich da ein, wo es am wärmsten ist, und schmollt. Er ist jetzt neun Jahre alt und würde gerne aufstehen. Er würde sogar gerne früher aufstehen, wenn er einen Hund bekommen hätte, mit dem er Gassi gehen dürfte.

Sam mag Martha – normalerweise. Sie ist sehr lieb und er findet sie überhaupt nicht krank. Sogar ihre schrägen Augen findet er lustig. Aber sie braucht halt oft sehr lange, bis sie etwas verstanden hat. Er nimmt sie, wenn das Wetter gut ist, auch manchmal in den Kindergarten mit. Der Kindergarten liegt auf seinem Schulweg.

Heute mag er sie nicht. Er glaubt es seinen Eltern nicht, dass er sich nicht um einen Hund kümmern könnte. Martha ist schuld. Martha hat Angst vor Hunden. Sie hat vor allem Angst, was auf sie zurennt oder ihr irgendwie zu nahe kommt. Sie kann es nicht leiden, wenn Kinder plötzlich heranstürmen oder wenn große Leute sie einfach auf den Arm nehmen wollen. Sie mag es auch nicht, wenn Tiere an ihr schnuppern oder wenn Nachbars Katze an ihrem Hosenbein schmusen will. Sie schreit dann immer. Deswegen hat er keinen Hund bekommen, da ist sich Sam ganz sicher.

Sam wünscht sich einen echten Freund. Einen Freund, dem er alles erzählen kann, ohne dass der blöde Fragen stellt oder ihn auslacht, wenn er über Mädchen spricht. Einen Freund, der sich immer freut, wenn er kommt. Einen Freund, dem er übers Fell streicheln kann und der alle Geheimnisse für sich behält.

Einen Freund, der Zeit hat, wenn Mama und Papa sich mit
Martha abgeben müssen.

Auf einmal spürt er, dass die Matratze wackelt und hört leise
– wie von Weitem – Mamas Stimme. Er kauert, auf Knien und
Ellbogen gestützt, den Kopf fest in das Laken gedrückt, unter
der Decke.
   „Samuel, kommst du bitte vor?"
   Sam ist erstaunt. Er ist sauer, schmollt, hat sich verkrochen
und Mama schimpft nicht? Er beschließt, seinen Kopf vorsichtig herauszustrecken. Unter dem Deckenberg, aus dem nur der

Kopf hervorkommt, sieht er jetzt aus wie eine Schildkröte. Die Decke ist dafür zwar etwas zu weich, aber für ihn ist sie wie eine Art Schildkrötenpanzer. Wenn Mama zornig ist, zieht er einfach den Kopf wieder ein!

Mama sitzt neben seinem Kopfkissen und schaut ihn an. Gar nicht zornig, eher ein bisschen traurig sieht sie aus. Sie streckt Sam die Arme entgegen und fordert ihn mit einem Kopfnicken auf, seinen Panzer ganz zu verlassen, um ein wenig mit ihr zu schmusen.

Als wenn er genau darauf gewartet hätte, krabbelt er aus seinem Panzer heraus und umarmt Mama.

„Samuel, wir wissen, dass du es schwerer hast als andere Kinder in deiner Klasse. Wir haben einfach nicht so viel Zeit für dich, wie wir gedacht hatten. Papa muss früh zur Arbeit. Ich selbst gehe zwar später, aber du weißt, dass ich sehr lange mit Martha beschäftigt bin. Ich muss arbeiten, weil wir das Geld für unser neues Haus brauchen. Es ist ja auch für dich gut, dass du hier nun dein eigenes Zimmer hast. Du und Martha in einem Zimmer, das würde auf Dauer nicht gut gehen ... So hast du deine Ruhe.“

Sam schaut zu Boden.

Schließlich sagt Mama: „Papa und ich wissen, wie sehr du dir einen Hund wünschst, aber es geht einfach nicht. Nicht nur wegen Martha. Ganz alleine kannst du keinen Hund versorgen, und Papa und mir fehlt einfach die Zeit, das zu tun. Ich verstehe, dass du sauer bist. Aber denke bitte auch an den Hund, der hier viel zu lange allein wäre.“

Sam versteht das irgendwie schon – wenn Mama grad so, wie jetzt, bei ihm ist. Er will sie nicht enttäuschen. Mama hat es auch schwerer als andere Mamas. Doch dann platzt es aus ihm heraus. „Mama, manchmal finde ich die Schule blöd!“

„Warum denn das? Du bist doch richtig gut in Mathe und schreibst tolle Aufsätze."

„Nein, das ist es nicht. Sven und Christian ärgern mich oft."

„Aber Samuel, das gibt es doch überall, dass man mit manchen Kindern gut auskommt und mit anderen halt nicht so gut. Geh ihnen doch aus dem Weg!"

„Das geht nicht", beharrt Sam, „die sind so gemein!"

„Warum?", möchte Mama wissen.

„Wenn sie beim Sport verlieren oder wenn sie mich einfach so ärgern wollen, dann rufen sie: ʻDeine Schwester ist ein Schlitzauge – und behindert!ʻ"

Jetzt wird Mama kreidebleich. Zuerst schiebt sie Sam etwas von sich weg, um in seinem Gesicht zu sehen, ob das auch stimmt. Dann drückt sie ihn ganz fest an sich.

Sam weiß, was es bedeutet, wenn sie das macht.

„Samuel, du musst dich anziehen und frühstücken, sonst kommst du zu spät. Wir reden heute Abend darüber. Versprochen."

Sam lässt sich überzeugen und ärgert sich ein bisschen, dass er Mama das erzählt hat. Er wollte es für sich behalten. Er weiß, dass sie sich jedes Mal aufregt, wenn sie so ein dummes Geschwätz hört.

Sam geht hinunter. „Hallo, Martha", begrüßt er seine Schwester, die im Stuhl mit den Armlehnen am Tisch sitzt, und gibt ihr wie immer ein Küsschen auf die Backe.

Martha freut sich und erwidert strahlend: „Hallo, Sam!" Martha sagt auch „Sam" zu ihm. Samuel ist ihr zu schwierig.

Sam beeilt sich mit dem Marmeladenbrot und dem warmen Kakao. Der ist heute nicht so warm wie sonst. Er hat zu lange gebraucht.

Anschließend geht er ins Bad, um sich für die Schule fertig zu machen. Mama bringt ihm den Schulranzen, in den sie vorher die Vesperbox gesteckt hat, in den Flur. Sam zieht seine Jacke an, setzt die Mütze auf und streckt die Arme nach hinten, damit ihm Mama die Riemen des Ranzens auf die Schultern schieben kann. Das machen sie immer so.

„Tschüs, Samuel. Mach's gut", verabschiedet sie ihn, während sie ihm ein Küsschen auf die Stirn gibt. „Du denkst daran, dass du heute nach der Schule zu Oma und Opa gehst?", will sie sich noch vergewissern.

„Ist doch klar, wie immer montags. Tschüs Martha, tschüs Mama!", ruft er im Hinausgehen. Montags geht Mama mit Martha zur Logopädin, um Sprechübungen zu machen. Marthas Zähne sind etwas schief und sie hat eine größere Zunge.

Nicht mehr sauer, aber immer noch traurig trottet er zur Schule. „Mit dem Hund wird es wohl nie etwas", sagt er leise.

Auf dem Schulweg wird ihm wieder bewusst, warum er heute nicht gern zur Schule geht ... Es ist nicht nur wegen Sven und Christian. In der ersten Stunde am Montag machen sie immer einen Stuhlkreis, auch jetzt in der dritten Klasse noch.

Den Stuhlkreis mag er nicht besonders. Da erzählen die anderen Kinder immer von ihren Erlebnissen: vom Europapark, wo sie am Wochenende waren, vom Skifahren im Winter oder vom Mittelmeerurlaub nach den Sommerferien. Das kennt Sam alles nicht. Zuerst war er zu klein dafür, und dann war Martha da.

Besonders schlimm ist der Stuhlkreis nach den Weihnachtsferien. Gleich werden sie wieder anfangen, von den Weihnachtsgeschenken zu reden. Er kann sich genau vorstellen, wie das wird: Die Angeber strecken ihre Hände wie wild als Erste in die Höhe. Sie erzählen von Riesengeschenken, vom neuen Computer oder vom eigenen Fernseher in ihrem Zimmer. Dann kommen die mit den normalen Geschenken, wie ein neuer Schlitten, Spiel- oder Anziehsachen, an die Reihe. Zuletzt werden die, die keine Hand heben, von der Lehrerin aufgefordert, doch auch etwas zu erzählen. Dabei schämen sich manche, weil ihre Geschenke mit denen der Angeber nicht mithalten können. Warum soll überhaupt jeder etwas im Stuhlkreis sagen?

Sam nimmt sich vor, heute nichts zu sagen. Sein Geschenk geht keinen in der Klasse etwas an. Und dass es mit seinem eigentlichen Wunsch nichts wurde, erst recht nicht!

Sam ist in der Schule beliebt – bei den meisten Mitschülern. Er ist gut in Mathe und kann tolle Aufsätze schreiben. Am liebsten hat er es, wenn er in Mathe als Erster fertig wird und dann den anderen Kindern helfen darf. Viele wollen auch, dass er zu ihnen in die „Schreibkonferenz" kommt. Dann lesen sie sich ihre Aufsätze vor und sprechen darüber. Sam hat oft gute Ideen für Geschichten.

Sam freut es, bei vielen beliebt zu sein. Trotzdem geht er nur halbgern zur Schule. Vielleicht ist es seine Beliebtheit, die Sven und Christian auf die Palme bringt. Weil sie wissen, dass er cool reagiert, wenn sie ihn beleidigen, beschimpfen sie Martha. Das bringt ihn auf die Palme! Martha sieht ein bisschen anders aus – sonst nichts. Sie ist lieb und tut niemandem etwas zuleide. Und sie kann nichts dafür, dass sie anders ist. So wie er nichts dafür kann, dass er leichter rechnen lernt als die meisten. Er ist ein guter Schüler, ohne sich darauf etwas einzubilden. Er ist so auf die Welt gekommen. Das ist nichts Besonderes.

Für heute hat er sich vorgenommen, nichts zu sagen, wenn sie ihn wieder ärgern sollten. Heute will er cool bleiben, auch wenn sie über Martha lästern. Mama hat versprochen, heute Abend mit ihm darüber zu sprechen. So lange wird er nach außen den Coolen spielen.

Da sind ja auch noch Oma und Opa, zu denen er nach der Schule gehen darf. Die haben immer Zeit für ihn. Mit ihnen kann er alles besprechen. Besonders mit Opa. Wenn er merkt, dass Sam nicht gut drauf ist, sagt er oft zu Oma: „Ich glaube, Sam und ich müssen mal wieder ein Männergespräch führen."

Männergespräche sind gut. Wenn Opa das sagt, dann ahnt Sam schon, dass er eine Idee hat, um ihn zu trösten. Opa hat manchmal verrückte Ideen. Die sind so verrückt, dass man sie keinem verraten darf. Nicht mal Oma. Sie ziehen sich dafür sogar ins Arbeitszimmer zurück. Männergeheimnisse!

Heute gibt es viel, was er mit Opa besprechen könnte, denkt Sam, als er das Schulhaus betritt.

Nachdem er seine Schulfreunde begrüßt hat, geht es los:

Stuhlkreis wie immer.

Mathe und Deutsch: Wiederholen, wie immer nach den Ferien.

Religion: Die Kinder berichten, wie sie zuhause mit ihren Familien gefeiert haben. Wie immer nach Weihnachten. Sam gähnt.

Sven und Christian: Lästig wie immer.

Sam: Cool wie selten.

Trotzdem ist er froh, als es nach der letzten Stunde klingelt. Cool sein ist echt anstrengend!

2. Männergespräche

Zu Oma und Opa ist es ein kleiner Umweg, aber nicht viel länger als sein normaler Heimweg.

Sie wohnen am Rande des Ortes.

Bis Sam und seine Familie in das neue Haus umgezogen sind, haben sie hier alle zusammen gelebt. Es ist ein älteres Haus, aber das hatte ihn nicht gestört. Er fand es gut, mit Oma und Opa in einem Haus zu wohnen und einen Garten zu haben, in dem alte Bäume stehen. Auf dem alten Apfelbaum durfte er in den letzten Sommerferien ein Baumhaus bauen. Natürlich mit Opas Hilfe. Der ist ein geschickter Baumhausbauer. Er hatte oft versucht, Oma davon zu überzeugen, dass er ja nur mithelfe, Sams Baumhaus zu bauen. Jedes Mal winkte Oma ab und schmunzelte, wenn sie daran arbeiteten.

„Oh, du alter kleiner Bub", meinte sie, und streichelte mit den Fingern über seine Wangen.

Opa gefiel das, auch wenn er es nicht zugab. Er schaute Oma an und sprach: „Komm Sam, wir müssen weitermachen, sonst sind die Ferien vorbei und das Haus ist nicht fertig." Dann blickte er auf Sam und sagte zu Oma: „Noch schneller würde es gehen, wenn wir bei der Arbeit nicht halb verdursten müssten!"

Sam nickte. „Das stimmt. Heiß hier, wie Sahara!" Er versuchte, irgendwo im Gesicht einen Schweißtropfen zum Beweis aufzutreiben.

Oma lief kopfschüttelnd weg, um bald darauf mit zwei Gläsern Apfelschorle unten an der Leiter zu stehen.

Im Sommer hatten sie ihre Männergespräche im Baumhaus geführt. Das war noch nicht ganz fertig, aber schon bequem zum Sitzen. Da konnten sie sicher sein, dass niemand lauschte. Oma würde zwar nicht an der Arbeitszimmertür lauschen, das wussten sie. Aber das Baumhaus war das Allersicherste. Von da oben sah man jeden Lauscher schon von Weitem.

Leider ist es Januar und bitterkalt. Es liegt ein bisschen Schnee im Baumhaus, weil das Dach bisher nicht abgedichtet wurde und das Haus noch keine Glasfenster hat.

Zudem hatte Opa damals keine Idee, wie man eine Heizung im Baumhaus einbauen könnte. Das heißt, vielleicht hätte er eine gehabt. Aber beide dachten im Sommer einfach nicht daran. Heute wäre eine Heizung echt gut.

Wie immer geht Sam zuerst am Baumhaus vorbei, klettert ein paar Sprossen der Leiter hoch, damit er sehen kann, ob alles in Ordnung ist. Im Runtergehen prüft er, ob noch genügend Futter im Vogelhaus ist, das geschützt vor Regen und Schnee unter dem Baumhaus hängt.

Es ist noch genügend drin. Die Vögel brauchen im Moment nicht so viel, denkt er. Bei dem bisschen Schnee, der in den Ferien nicht mal zum Schlittenfahren gereicht hat, finden sie auch so etwas zu fressen.

Dann klopft Sam an der Hintertür des Hauses. Die ist zwar meist nicht abgeschlossen, aber Oma erschrickt sich, wenn plötzlich jemand im Raum steht. Sie hört nicht mehr so gut. Deshalb klopft er ziemlich kräftig an die Scheibe in der Tür.

„Komm doch rein, Sam", sagt Oma freudig, während sie ihm die Tür öffnet. „Das Essen ist gleich fertig."

„Hallo, Oma", begrüßt er sie und legt seinen Schulranzen weg.

Während er sich auszieht, scheint Oma gleich zu merken, dass etwas nicht stimmt. Oma kann er nichts verheimlichen. Dabei hat er sich angestrengt, ganz normal zu sein. Trotzdem lässt sie ihn in Ruhe. Mama hingegen muss immer gleich wissen, was vorgefallen ist, wenn sie das Gefühl hat, dass etwas nicht stimmt. Manchmal geht er deshalb lieber zur Oma. Besonders wenn er keine Lust hat, zu sprechen. Stattdessen

machen sie ihr Buchstabenwortspiel: „Na, wie war die Schule?"
„O. n. V.", antwortet Sam.
„Okay, ich weiß Bescheid", gibt sich Oma zufrieden.

Sam fühlt sich ein bisschen erleichtert. Das Buchstabenwortspiel hatte er sich einmal ausgedacht, als ihm diese Fragerei nach der Schule auf den Keks ging. Jeden Tag dasselbe: „Na, wie war denn die Schule?" Sam wollte nicht jeden Tag von der Schule erzählen, wenn die Schule wie immer war! Deshalb hatte er geantwortet: „O. n. V.!" Das ist die Kurzform von: „Ohne nennenswerte Vorkommnisse!" Da wussten alle Bescheid.

Manchmal, wenn er gar keine, also wirklich überhaupt keine Lust hatte, von der Schule zu reden, dann sagte er schon bei der Begrüßung: „Hallo Mama, o. n. V.!"

Heute sagt Sam zwar auch o. n. V., aber das bedeutet nicht, dass es nichts zu besprechen gäbe. Es gibt etwas zu besprechen. Aber nicht jetzt. Nicht mit Oma. Männergespräche!

Opa kommt ins Esszimmer, das zusammen mit der Küche ein Raum ist. „Hallo Sam", begrüßt er ihn, „setz dich."

„Hallo Opa. Ich wasch mir nur schnell die Hände."

Opa und Sam setzen sich an den Tisch, den Oma inzwischen schon gedeckt hat. Oma hatte Sams Lieblingsessen gekocht: Dampfnudeln. Sie kann die besten Dampfnudeln der Welt machen. Dazu Vanillesoße, die so dick ist, dass sie ganz langsam über die Dampfnudeln fließt. So, dass man ganz viel davon auf die Gabel bringt. Und noch dazu Kirschkompott von den Kirschen des zweiten Baumes, der neben seinem Baumhaus im Garten steht. Wenn die Kirschen reif sind, kocht Oma sie ein, extra für die Dampfnudeln im Winter.

Dass Sam das nicht gerochen hatte, als er in den Raum kam, war Oma sofort aufgefallen. Sam musste etwas auf dem Herzen haben, das ihn mehr beschäftigte als das Aroma von Dampfnudeln und Kirschkompott. Sorgen, die Dampfnudeln und Kompott von den Kirschen seines Lieblingsbaumes nicht vertreiben können, das müssen ernste Sorgen sein. Die kann man nicht so nebenbei besprechen.

„Fangt schon mal an. Ich komme sofort", sagt Oma etwas beiläufig. „Ich muss schnell sehen, ob ich die Waschmaschine abgestellt habe." Sie geht raus und kommt nach kurzer Zeit wieder zurück – nachdem sie die Waschmaschine nicht ab-, sondern die Heizung im Arbeitszimmer angestellt hat.

Das Essen fällt heute ungewohnt still aus. „Habe ich etwas an den Dampfnudeln vergessen?", will Oma wissen.

„Nö, die sind wie immer", antwortet Sam. Es hört sich nicht so an, als ob er gerade seine Leib- und Magenspeise zu sich nehmen würde.

„Lecker, wie immer, meint er", ergänzt Opa seine Antwort.

„Ja, stimmt, Oma. Danke. Es ist nur ...", Sam stockt.

Auch Opa merkt natürlich, dass etwas nicht stimmt. „Jetzt iss erst mal. Omas Dampfnudeln sind die beste Medizin gegen Kummer", stellt er fest.

„Opa, hast du nachher Zeit?" Endlich traut sich Sam, die Frage zu stellen, mit der er schon eine Weile herumgedruckst hat.

Opa und Oma haben für solche Fälle miteinander ausgemacht, dass Sam zuerst an der Reihe ist. Solche Probleme seien wie Omas Dampfnudeln: Erst, wenn sie groß genug sind, kommen sie auf den Tisch. Und wenn sie auf dem Tisch sind, wenn Sam also mit der Sprache herausrückt, dann dulden sie keinen Aufschub.

„Ja, ich habe Zeit", sagt Opa. „Sollen wir uns nach dem Abräumen ins Arbeitszimmer verziehen?"

Sam ist froh, dass Opa sofort weiß, worauf er hinauswollte.

Oma wartet gar nicht auf Sams Antwort. „Ich räume heute alleine ab und ihr könnt euch gleich ins Arbeitszimmer verziehen."

Ins Arbeitszimmer verziehen, das klingt in Sams Ohren besonders gut. Für ihn heißt das, dass ihm jemand zuhört und keine blöden Fragen stellt. Opa ist der beste Jemand.

Das Arbeitszimmer ist kein richtiges Arbeitszimmer. Es heißt nur so. Da bügelt Oma sonst. Opa legt die Wäsche zusammen und räumt sie auf. Manchmal näht Oma auch mit der Nähmaschine. Außerdem steht da eine Staffelei, an der Opa ab und zu malt. „Ich bin kein Künstler, aber das Malen macht mir Spaß", betont er jedes Mal, wenn man seine schönen Landschaftsbilder betrachtet.

In einer Ecke stehen zwei alte Sessel und dazwischen ein runder Tisch. Eigentlich hatte Opa die Sachen zum Sperrmüll geben wollen, aber Oma weigerte sich, Möbelstücke wegzugeben, an denen so viele Erinnerungen hingen. „Schließlich ist es nur das Arbeitszimmer", meinte sie. Sam findet es gut, dass Oma sich durchgesetzt hat. Die sind prima für Männergespräche, dachte er immer schon. Gerade heute stehen sie da wie bestellt.

Beim Reingehen bemerkt Opa nicht mal, dass es im Arbeitszimmer schön warm ist. Und Sam erst recht nicht. Sie setzen sich in die gemütlichen Sessel von früher – mit dem dunkelgrünen Leder. Opa tut das, was er in solchen Situationen immer macht: Er schweigt. Er sitzt einfach da und sagt nichts. Sam weiß: Jetzt bin ich dran. So lange hat er gewartet, bis er dran ist, und nun weiß er nicht, wie er anfangen soll ...

Opa beugt sich etwas nach vorne, schaut interessiert in Sams Gesicht und schweigt.

„Opa, ich will einen Hund!", fährt es aus Sam heraus.

Opa verzieht keine Miene, stellt den Ellbogen auf die Lehne und stützt mit einer Hand sein Kinn.

„Einen Hund, der nur mir gehört. Ich finde es gemein, dass Mama und Papa mir das nicht erlauben und immer behaupten, ich sei noch zu klein. Ich bin groß genug, um einen Hund zu versorgen!"

Opa zieht die Augenbrauen hoch, kneift die Lippen zusammen und wirkt etwas ratlos. Das bleibt eine ganze Weile so. Zwischendurch nickt er mit dem Kopf und zeigt, dass er Sam verstanden hat.

Der redet weiter: „Ich kann morgens vor der Schule mit ihm
Gassi gehen, wenn ich nach Hause komme, wieder, und am
Abend noch einmal. Ein mittelgroßer Hund würde auch in
unser Haus passen. Mein Taschengeld reicht bestimmt auch für
sein Fressen."

„Warum, denkst du, wollen dir deine Eltern den Hund nicht
erlauben?", fragt Opa.

„Ich bin sicher, das ist nur wegen Martha. Martha hat Angst
vor Hunden. Und Mama braucht alle Zeit für Martha. Wenn
Papa nach Hause kommt, ist es schon spät. Er kümmert sich

zwar auch um mich, aber er sorgt sich mehr um Martha." Sam stockt. „Sie denken bestimmt, dass sie mit Martha genug am Hals haben, und ein Hund wäre ihnen zu viel."

Opa runzelt die Stirn und sieht sehr nachdenklich aus. Er dreht sich ganz zu Sam und nimmt die Hände des Jungen in seine. „Sam, ich weiß ja, dass du dir schon lange einen Hund wünschst. Ich kann deinen Wunsch sehr gut verstehen. Einmischen darf ich mich trotzdem nicht. Das müssen deine Eltern entscheiden. Ich glaube, dass es ihnen schwerfällt, dir diesen Wunsch nicht erfüllen zu können. Du hast recht: Es ist wegen Martha."

Sams Hände liegen immer noch in denen von Opa. „Siehst du, nun sagst du es selber", fühlt er sich bestätigt.

Da drückt Opa Sams Hände ganz fest und schaut ihm in die Augen. „Es liegt an Martha", wiederholt Opa, „aber du machst einen Fehler: Du wirfst es Martha vor."

Sam erschrickt. Er wollte Martha nichts vorwerfen. Er wollte nicht ungerecht sein. Opas Blick wirkt sehr ernst.

„Martha merkt es hoffentlich zwar nicht, doch sie hat es viel schwerer als du."

Sam will widersprechen, aber Opa fährt fort: „Martha braucht viel Unterstützung. Vielleicht wird das ihr ganzes Leben lang so sein. Sie hat wenig echte Freunde und kann sich nicht richtig verständigen. Martha ist anders. Menschen, die anders sind, werden schlecht verstanden. Du weißt, wie ich das meine. Viele Leute wissen nicht, wie sie mit einem Kind umgehen sollen, das schon fast im Schulalter ist, aber trotzdem so viel Hilfe braucht wie eines, das gerade in den Kindergarten kommt." Opa lässt Sams Hände los und lehnt sich im Sessel zurück.

Das muss Sam in Ruhe verdauen: Er soll es besser haben als Martha, obwohl seine Eltern weniger Zeit für ihn haben und er ihretwegen in der Schule gehänselt wird? Auch er lehnt sich im Sessel zurück und schweigt. Mehrere Gedanken schwirren gleichzeitig durch seinen Kopf: Wenn Martha es wirklich schwerer hat als er, ist es dann nicht gerecht, dass sie von Papa und Mama mehr Aufmerksamkeit bekommt? Braucht sie die Eltern einfach mehr? – Klar, dass er sich über die blöden Sprüche von Sven und Christian aufregt. Aber hat Martha Schuld an seinem Ärger?

„Sam, eines habe ich noch vergessen. Erinnerst du dich daran, dass Martha als Baby in der Kinder-Herzklinik war?"

„Ich weiß nur noch, dass sie lange weg war und am Herz operiert wurde. Aber davon merkt man heute nichts mehr."

„Du merkst nichts mehr. Vielleicht merkt auch Martha selbst nichts davon. Deine Eltern aber merken es noch. Sie werden es immer merken. Viele Kinder mit dem Down-Syndrom kommen mit einem Herzfehler auf die Welt. Martha hat schon mit einem Jahr eine gefährliche Herzoperation gehabt. Das vergessen Eltern nie. Eltern haben immer die Sorge, dass von der Krankheit etwas zurückbleibt oder zurückkommt."

Jetzt ist Sam völlig durch den Wind. Hat er vielleicht auch seine Eltern ungerecht behandelt?

Opa sieht es ihm an, dass Sam die Gedanken kreuz und quer durch den Kopf schießen. „Sam, ganz ehrlich: An deiner Stelle würde ich mich genauso aufregen! Ich wäre sauer, dass mein Herzenswunsch nicht erfüllt werden kann. Und erst recht würde ich mich darüber aufregen, wenn meine Schwester beleidigt wird!"

Sam reibt sich verwundert die Ohren. Opa würde sich an seiner Stelle auch aufregen, hat er gesagt ... Aber Opa regt sich nicht auf. Stattdessen sitzt er im Sessel und sagt nichts. Sam beschließt, dass er sich von jetzt an auch nicht mehr aufregt. Sie bleiben beide in den Sesseln sitzen, ohne zu sprechen und ohne sich aufzuregen. Einander verstehen, denkt Sam, braucht gar nicht viele Worte.

Es klopft an der Tür, und ohne auf das „Herein!" zu warten, steht Oma mit einem Tablett im Zimmer: „Kakao gefällig?" Sie wartet wieder nicht auf eine Antwort. Schon steht das Tablett auf dem Tisch. Kakao geht immer. Oma verschwindet so schnell, wie sie gekommen ist.

Opa und Sam sehen sich an. Nun sind es schon drei, die sich wortlos verstehen. Sie trinken Kakao. Irgendwie sind sie zufrieden.

Opa kann auch keinen Hund aus dem Hut zaubern, denkt Sam, das ist nun mal nicht so einfach.

Sam ist ein toller Junge, denkt Opa.

3. Papa rastet aus

Auf dem Heimweg von Oma und Opa ist Sams Kummer wie weggeblasen. Als ob ihm ein riesiger Stein vom Herzen gefallen wäre. Opa hat keine verrückte Idee gehabt wie sonst so oft. Er hat überhaupt keine Idee gehabt.

Manchmal braucht es keine Idee, damit man sich besser fühlt. Oma und Opa haben ihn verstanden. *Verstanden zu werden ist so wichtig wie die Luft zum Atmen.*

„Hallo Sam", empfängt ihn Martha zuhause im Wohnzimmer. Sie strahlt wie immer, wenn sie ihn sieht.

„Hallo Martha", erwidert Sam, streckt ihr seine Arme entgegen und wartet, bis Martha auf ihn zuläuft. Er drückt sie heute fester und länger an sich als gewöhnlich.

Mama kommt aus der Küche. „Hallo Samuel, du bist aber spät dran." Sie sagt das aber nicht so, als ob sie sich Sorgen gemacht hätte. Bei Oma und Opa sei Samuel gut aufgehoben, betont sie oft. Das sind schließlich ihre Eltern. Die Eltern von Papa sind früh gestorben. Sam kann sich nur noch schwach an sie erinnern, Martha gar nicht. Deswegen sprechen sie nur von Oma und Opa. Das ist für Martha leichter als die Namen dazu zu sagen. Sam findet es schön, sie nur Opa und Oma zu nennen.

„Hallo Mama", begrüßt er seine Mutter. „Ich habe die Hausaufgaben schon gemacht." Von dem langen Männergespräch sagt er nichts. Männergeheimnisse.

„Papa kommt gleich. Deck schon mal den Tisch für das Abendessen."

Sam macht das gern, meistens. Im Winter sowieso. Tisch decken und abräumen ist im Winter okay. Da kann er nach dem Abendessen ohnehin nicht mehr raus. Außerdem findet er es abends besonders gut, den Tisch zu decken. Das bedeutet nämlich, dass Papa von der Arbeit kommt.

Ein bisschen wundert er sich schon über Mama. Hat sie vergessen, dass sie versprochen hatte, mit ihm über das blöde Benehmen von Sven und Christian zu reden? Bestimmt möchte sie das Thema vor Martha nicht ansprechen.

Als er die Haustür ins Schloss fallen hört, stürzt er in den Flur und rennt Papa schier über den Haufen. Sam sieht ihn unter der Woche ja immer erst abends, und er freut sich darauf. Papa nimmt ihn immer noch hoch, obwohl er manchmal feststellt, Samuel sei ganz schön groß geworden. Heute, nach dem Männergespräch mit Opa, ist Sams Freude noch etwas größer.

„Grüß dich, Samuel", sagt Papa und drückt ihn auch etwas mehr als sonst.

„Hi, Papa. Gut, dass du da bist."

„Kommt ihr?", ruft Mama aus dem Esszimmer. „Das Essen wird kalt."

Wenn Papa arbeitet, kommt abends immer etwas Warmes auf den Tisch, besonders im Winter. Abendessen zu viert im Winter ist gut, denkt Sam. Im Sommer muss das immer schnell gehen. Dann arbeitet Papa anschließend noch draußen im Garten.

„Wir kommen. Aber vor dem Essen muss ich Martha begrüßen."

Das macht er immer etwas anders als bei Sam: Er hebt die kleine Martha unter den Armen mit seinen Händen hoch, schaut ihr ins Gesicht und drückt sie erst dann an sich. Warum er das so macht, hat sich Sam schon oft gefragt.

Während des Essens unterhalten sie sich über die Dinge des Tages. Zuerst kommt immer Martha dran. „Na, Martha, wie war's im Kindergarten?", will Papa wissen.

„Schön", sagt Martha. Das ist nicht viel, aber Papa ist damit zufrieden. Wenn Martha sich im Kindergarten aufregt, dann

sagt sie es – auf ihre Art – irgendwie. „Die Kinder sind blöd",
meckert sie zum Beispiel. Wenn sie es „schön" fand, war alles
okay.

„Und wie war es bei Nicole?" Nicole ist die Logopädin. Sie legt
Martha Gegenstände oder Bilder vor und übt mit ihr die Wörter
oder die Laute, die sie nicht richtig aussprechen kann.

„Mar-tha malt, Sche-ren schnei-den, Schnee schmilzt", zeigt
Martha, was sie gelernt hat.

„Toll, Martha", lobt Papa.

„Wir drei unterhalten uns später", wirft Mama ein. Papa stutzt.
„Ja, wir müssen noch etwas besprechen, wenn Martha im Bett
ist."

Papa ist gespannt und Sam erleichtert. Mama hat es also
nicht vergessen! Sein Vater arbeitet in einer großen Firma. Er
sitzt meist im Büro am Computer, ist aber manchmal auch
unterwegs zu Kunden. Wenn er Kunden besucht, kommt er
abends oft später. Gott sei Dank, denkt Sam, dass er heute nicht
zu einem Kunden musste.

Nach dem Essen verkrümelt sich Sam in sein Zimmer. Er muss
noch etwas Mathe büffeln. Morgen schreiben sie einen Test.
Schriftlich addieren und subtrahieren kann er zwar, aber die
Sachaufgaben muss er sich noch einmal anschauen. Die sind
manchmal in komischen Sätzen geschrieben. Selbst Papa findet,
dass man Textaufgaben einfacher schreiben könnte. „Das
kommt doch so in der Wirklichkeit gar nicht vor, das verwirrt
die Kinder doch nur", bemängelt er die Aufgaben, bei denen
sogar er richtig nachdenken muss. Sam gefällt es, wenn Papa
sich darüber aufregt. Mit einem Kopfschütteln legt er dann
manchmal beide Hände auf Sams Schultern, der grübelnd an
seinem Schreibtisch sitzt, und meint verständnisvoll: „Da musst
du leider durch. Denk an die anderen Kinder, die das auch
müssen, aber nicht so gut in Mathe sind wie du."

Sam ist gerade dabei, die letzten Aufgaben im Übungsheft noch einmal anzuschauen, als es an der Tür klopft. Mama, die eben Martha ins Bett gebracht hat – Marthas Zimmer liegt direkt neben seinem – streckt den Kopf rein, ohne zu warten. Sam war gut gelaunt in sein Zimmer gegangen. In solchen Fällen stellt er die Ampel, die im Flur neben seiner Tür hängt, auf grün. Grün bedeutet: gut gelaunt. Dann darf jeder gleich hereinkommen nach dem Anklopfen. Gestern Abend stand die Ampel auf rot. Rot bedeutet: Stopp, bis ich „Herein!" sage. Dann weiß jeder, dass Sam nicht gut drauf ist. Es kann aber auch einfach ein Zeichen sein, dass er allein sein will. Sam findet es gut, dass Papa und Mama sich an die Regel halten, sein „Herein!" ab- warten und dann vorsichtig reinkommen.

Heute Abend hat Mama nicht warten müssen. „Samuel, kommst du mal zu uns runter? Wir hätten jetzt Zeit, uns zu unterhalten."

„Sofort, Mama, ich sage nur noch Martha gute Nacht!", freut sich Sam. Dann geht er wie immer in Marthas Zimmer, setzt sich auf die Bettkante und hält kurz ihre Hand. Ihre Hände sind etwas breiter als die von anderen sechsjährigen Mädchen. Wie jeden Abend schaut er sie an. Martha lächelt, denn sie weiß, was kommt. Er lässt ihre Hand los, fährt ihr mit den Fingern über die Wangen und flüstert ihr ins Ohr: „Gute Nacht, Schwes- terchen!"

„Gute Nacht, Sam", erwidert Martha schläfrig und zufrieden.

Sam hört beim Runtergehen, dass im Fernseher im Wohn- zimmer die Nachrichten laufen und geht direkt dorthin. Papa macht den Fernseher aus. Mama kommt aus der Küche.

„Samuel, setz dich mal hin!", fordert Papa ihn auf. Sam setzt sich in den Sessel, Mama setzt sich zu Papa aufs Sofa.

„Stimmt es wirklich, dass Sven und Christian rufen, Martha sei behindert und habe Schlitzaugen?", will Papa wissen. Er sagt das ganz ruhig, als ob er gar nicht glauben könnte, was Mama ihm erzählt hat.

„Ja, das stimmt", versichert Sam. „Nicht nur einmal. Immer wenn sie neidisch sind oder beim Spielen verloren haben, beleidigen sie Martha!"

„Wie reagieren denn die Lehrerinnen?", fragt Mama nach.

„Die sagen halt, sie sollen aufhören. Aber dann laufen die beiden auf dem Heimweg hinter mir her und rufen ‚behindert, behindert, behindert'."

Sam spürt: Seine Eltern glauben ihm jedes Wort. Sie haben ihm beigebracht, dass Lügen das Schlechteste überhaupt ist. Auch wenn er etwas ausgefressen hat, ist es ihnen lieber, die Wahrheit zu erfahren. Seine Ehrlichkeit wurde immer belohnt. Mama und Papa schimpfen selten. Sogar die Strafen sind halb so schlimm, wenn er ehrlich war. Zum Beispiel, als er versehentlich Nachbars Fenster in der Gartenhütte mit einem Schneeball eingeworfen hatte: Er wollte eigentlich nur die Eiszapfen treffen, die an der Dachrinne hingen. Sein Geständnis, obwohl ihn niemand gesehen hatte, fand Papa so gut, dass er meinte: „Für sowas haben wir eine Versicherung. Ich sage Fred, dass wir für den Schaden aufkommen." Heute geht es nicht bloß um eine Fensterscheibe im Gartenhäuschen. Es geht um Martha – und um eine absichtliche Beleidigung. Bei so etwas konnte Papa richtig sauer werden. Mama versuchte ihn dann meistens zu besänftigen, indem sie sagte: „Reg dich nicht so auf, Felix, die wissen es doch nicht besser!"

Aber diesmal, als Papa „behindert, behindert, behindert" hört, wird er zum ersten Mal richtig laut: „Das ist doch nicht zu fassen! Was sind das bloß für Heinis, die Samuel immer wieder provozieren, indem sie Martha beleidigen? Und das völlig grundlos!"

So hat Sam seinen Vater noch nie gesehen.

„Felix, nicht so laut!", versucht Mama ihn zu beruhigen.

„Ist doch wahr. So geht das nicht weiter!", schimpft er etwas leiser. „Entweder ich gehe zu den Eltern der beiden oder in die Schule. So ein fieses Verhalten, das ist doch das Allerletzte!"

„Jetzt beruhige dich doch", probiert es Mama noch mal.

„Ich will mich nicht beruhigen. Wir Jungs haben uns früher auch mal beschimpft oder sogar geprügelt, aber das war gar nichts gegen das, was die machen. Jemandem solche Beleidigungen nachzurufen, das ist schlimmer als Prügel. Viel schlimmer!" Er sagt das jetzt leiser, aber man sieht ihm an, dass er innerlich kocht.

Dann ist es still im Wohnzimmer. Mama ist den Tränen nahe, und Sam sitzt im Sessel und weiß nicht, ob er traurig oder froh sein soll. Er ist traurig, weil Mama und Papa es schwerer haben als andere Eltern. Sie haben Martha genauso lieb wie andere Eltern ihre Kinder.

Er ist trotzdem froh, dass Papa sich genauso über Christian und Sven aufregt wie er. Papa hat damit gezeigt, dass er ihn ebenso lieb hat wie Martha.

Es bleibt eine ganze Weile still. Mama und Papa scheinen nachzudenken. Sam sitzt da und ist traurig-froh.

„Soll ich mal um einen Gesprächstermin in der Schule bitten?", denkt Mama laut.

Sam gefällt das nicht so gut. „Wir haben in der Schule auch schon darüber gesprochen. Aber dann tun sie es weiter und behaupten, dass es nicht stimmt. Oder sie machen es auf dem Weg nach Hause."

„Gut", sagt Papa entschlossen, „dann werde ich mit den Eltern der beiden sprechen. Das lassen wir uns nicht mehr bieten." Dann fügt er noch hinzu: „Das geht gegen uns alle!"

Das Letzte versteht Sam nicht ganz. Er hatte gedacht, dass sie ihn damit treffen wollen, indem sie Martha beleidigen. Dass das die ganze Familie trifft und seine Eltern genauso verletzt wie ihn, wird ihm erst jetzt langsam klar.

„Samuel", spricht ihn Papa eindringlich an, „wir können es heute nicht regeln, aber ich verspreche dir, dass ich mich darum kümmern werde." Er sagt das nun wieder ganz ruhig und in einem Ton, der Sam alles Traurige nimmt.

Mama steht auf, fährt Sam mit der Hand durch die Haare und sagt lächelnd: „So, Samuel: Bad, Bett." „Bad, Bett" heißt, dass es nun Zeit ist, schlafen zu gehen.

Obwohl Sam sonst regelmäßig versucht, noch ein paar Minuten herauszuschinden, unterlässt er heute den Versuch. Er ist zufrieden.

Papa hat eine Idee, wie sich das Problem vielleicht lösen lässt. Keiner weiß, ob es klappt. Es ist nicht die Idee, die Sam zufrieden macht. Es liegt eher daran, dass sich Papa und Mama so sehr für ihn und Martha aufgeregt haben!

Beide kommen noch ans Bett und wünschen ihm eine gute Nacht.

Verstanden zu werden ist so wichtig wie die Luft zum Atmen.

Und irgendwie versteht Sam nun auch ein bisschen, dass seine Eltern keinen Hund wollen. Er hat Papa noch nie so außer sich gesehen. Zum ersten Mal hat er gespürt, dass seine Sorgen auch die Sorgen von Mama und Papa sind. Vielleicht haben sie mit ihren Sorgen wirklich genug zu tun?

Sam liegt im Bett und ist froh, Mama, Papa und Martha zu haben. Heute Abend, unter seiner warmen Decke, ist er froh.

4. Opas verrückte Idee

„Oh Klara, wenn ich doch nur eine Idee hätte, wie ich Sam helfen könnte", seufzt Opa und verschränkt die Arme zwischen Bauch und Brust. Das macht er so, wenn er etwas ausbrütet.

Oma Klara und er sitzen im Wohnzimmer. Oma hat es sich im Fernsehsessel gemütlich gemacht und liest ein Buch. Von Zeit zu Zeit schielt sie über ihre Lesebrille zu Opa rüber. Opa ist mit sich unzufrieden. Er tüftelt an einem Problem und hat keine Idee. Schon seit Tagen hat er keine Idee.

So langsam kommen auch Oma Zweifel, ob ihr Ulrich mal wieder seine Arme vom Bauch bringt. Im Sitzen legt er sie – wie Schranken – auf seinen kleinen Bauch. Das bedeutet, dass er grübelt und möglichst nicht gestört werden will. Oma sieht es ihm immer an, wenn er keine Lösung weiß. Er kauert dann mit „Armschranken" in seinem Sessel, hört nichts, sieht nichts. „Ulrich, heute könnte man dich wieder mit deinem Sessel forttragen, ohne dass du es merkst!", ruft sie zu ihm hinüber.

„Ulrich" nennt sie ihn, weil sie spürt, dass es keine Kleinigkeit ist, was ihn beschäftigt. Bei allen wichtigen Sachen nennt sie ihn so. „Uli" ruft sie, wenn er mal schnell zum Bäcker gehen oder zu ihr kommen soll. „Uli" mag er am liebsten. „Ulilein" dagegen überhaupt nicht. Wenn sie grinsend „Ulilein" sagt, dann weiß er schon, was ihm blüht: Spülmaschine ausräumen zum Beispiel. Das mag er gar nicht. „Ich muss immer die schwierigen Sachen im Haushalt machen", regt er sich zum Schein auf. „Armes Ulilein", bedauert sie ihn dann. Nun hat sie aber „Ulrich" gesagt. Es geht um ein ernstes Problem.

„Wie soll man eine gute Lösung finden, wenn man beide Seiten versteht?", fragt er Klara. Ohne eine Antwort abzuwarten, fügt er an: „Stehe ich zu Sam, dann falle ich Felix und Verena in den Rücken. Verteidige ich Felix und Verena, dann fühlt sich Sam im Stich gelassen. Wie man's macht, ist es falsch. Ich verstehe Sams Herzenswunsch. Ich habe aber auch Verständnis, dass Verena und Felix sich nicht noch mehr Arbeit aufladen wollen. Martha braucht viel Zeit, das weiß auch Sam. Ich rechne es ihm hoch an, dass er das akzeptiert. Deshalb verstehe ich auch, dass er einen Hund für sich möchte. Einen, den er lieb haben kann und der ihn lieb hat. Aber er unterschätzt den Aufwand, der mit einem Hund verbunden ist. Es gäbe viele Anlässe, an denen Verena und Felix für ihn einspringen müssten: Nachmittagsschule, Hausaufgaben, Ausflüge oder andere Schulveranstaltungen. Felix ist wenig zu Hause. Fast alles würde an Verena hängenbleiben", fasst er das Problem zusammen. „Und", nun kommt er ins Stocken, „da ist noch Marthas Angst vor Hunden ... Ich weiß keinen Rat."

„Ulrich, du solltest aufhören, dir das Problem so zu Herzen zu nehmen", versucht Oma ihn zu trösten. „Manche Probleme lassen sich nicht lösen."

„Es gibt immer Lösungen", entgegnet Opa störrisch, „nur ich sehe noch keine."

„Dann mach es so wie immer: Schlaf eine Nacht drüber", macht sie ihm Mut.

Es war schon oft so, wenn er mit einem Problem schlafen gegangen war: Am nächsten Morgen platzte er dann beim Frühstück mit einer Idee heraus. „Klara, was meinst du zu diesem Vorschlag?", fragte er immer. Dann erzählte er, was er vorhatte, und Oma musste sagen, was sie davon hielt.

Beim Frühstück tags darauf wartet Oma gespannt. Als er schon beim zweiten Marmeladenbrot ist, und immer noch gelangweilt in die Zeitung schaut, will sie es genau wissen: „Und, was hast du ausgeheckt?"

„Nichts. Wenn man sich das vornimmt und erwartet, dass einem über Nacht etwas einfällt, funktioniert es nicht."

„Schade. Das wäre doch zu schön gewesen", bedauert Oma und gibt sich damit zufrieden. An die andere Möglichkeit denkt sie nicht: Opa hat eine Idee – eine so verrückte, dass er sie erst mal für sich behält.

„Ich muss später in die Stadt. Die Tabletten gegen meine Rückenschmerzen sind fast alle", sagt er so nebenbei, als er eine davon nimmt. Er hat oft Rückenschmerzen. Das kommt halt von der Arbeit. Wir hatten früher nicht so viele Maschinen und mussten manchmal richtig schuften, erklärt er, wenn man ihn bedauert. Opa war früher Schreiner. Eigentlich jammert er nie über seine Rückenschmerzen. Wenn sie mal heftiger sind, nimmt er seine Tabletten. Heftiger sind sie, wenn er schlecht geschlafen hat.

Oma fällt nichts auf, als er das sagt. „Hast du noch ein Rezept?", will sie wissen.

„Ja, da steckt es in der Ablage." Er steht auf, hilft den Tisch abzuräumen und geht ins Bad.

„Soll ich dir noch etwas mitbringen?", fragt er später, als er seine Jacke holt, um zur Garage zu gehen.

„Du könntest Brot mitbringen, sonst brauchen wir nichts", antwortet Oma.

„Ist gut. Ich trödle noch ein bisschen in der Stadt rum", sagt er unschuldig, steckt das Rezept ein und geht.

Oma denkt sich nichts dabei. Ihr Ulrich trödelt immer in der Stadt rum. In Wirklichkeit tratscht er mit Bekannten. Opa kennt viele Leute. Weil er nicht zugeben will, dass er gerne tratscht – denn das machen nur Frauen, meint er – nennt er es eben „trödeln".

Opa schwindelt nicht gerne, höchstens, wenn es sich nicht vermeiden lässt. Heute hat er seine Frau aber nicht angeschwindelt.

Nur trödelt er anders als sonst. Er holt, wie vereinbart, seine Tabletten und das Brot, macht danach aber einen kleinen Abstecher aus der Stadt heraus. Er parkt sein Auto vor einem Grundstück, das von einem hohen Gitterzaun umgeben ist. Er klingelt.

„Ja, hallo", tönt es aus dem kleinen Lautsprecher neben dem Tor.

„Hier ist Ulrich Grünfelder, darf ich mich bei ihnen mal umsehen?"

„Gerne. Ich hole sie ab." Der Lautsprecher knarrt und verstummt.

Auweia, wenn das Oma wüsste, denkt er mit einem flauen Gefühl in der Magengegend. Aber jetzt bin ich hier, jetzt geh ich auch rein!

„Womit kann ich helfen?", fragt ein junger Mann, der ihm entgegenkommt. Die Hosenbeine seines Arbeitsanzuges stecken in Gummistiefeln. Er trägt eine rot-blau karierte Fleecejacke und hat in der linken Hand einen gelben Eimer. Der Mann streckt Opa die andere Hand entgegen. Sie begrüßen sich.

Nun wird's für Opa ernst und er wird verlegen. Er weiß nicht, wie er seinen Besuch erklären soll. Da sieht er, dass in dem Eimer Hundefutter ist. „Deshalb ...", stammelt er und deutet auf den Eimer.

Der Mann wirkt verdutzt. „Wir verkaufen kein Hundefutter", erklärt er. „Das brauchen wir selber. Wir sind ein Tierheim."

„Genau." Jetzt hat Opa seinen Faden wiedergefunden: „Genau das ist es, weshalb ich hier bin. Könnten Sie mir die Tiere, die Sie damit füttern, mal zeigen?"

Der Tierpfleger grinst und meint: „Sie möchten unsere Hunde sehen. Darf ich fragen, warum?"

Jetzt muss Opa heraus mit der Sprache. „Also, das ist ein bisschen kompliziert. Mein Enkel möchte einen Hund. So einen kleinen bis mittelgroßen. Er kann ihn aber zu Hause nicht halten."

Der Tierpfleger versteht nicht. „Warum wollen Sie Hunde anschauen für Ihren Enkel, der keinen halten kann?"

„Ich sagte ja, dass es etwas kompliziert ist. Ich dachte daran, den Hund vielleicht zu mir zu nehmen. Mein Enkel könnte dann jederzeit vorbeikommen, um ihn mit mir zusammen zu versorgen und mit ihm Gassi zu gehen."

„Ganz schön kompliziert", pflichtet ihm der Tierpfleger bei.

„Das Komplizierteste kommt ja erst …" Opa muss eine Pause einlegen, bevor er mit der ganzen Wahrheit herausrückt: „Meine Frau weiß noch nichts davon."

„Oje, das ist nun wirklich kompliziert. Sind Sie sicher, dass Sie sich das gut überlegt haben?", möchte der junge Mann wissen.

„Nein … oder doch", stammelt Opa. „Also anschauen kann ja nichts schaden, dachte ich."

„Na, ich weiß nicht." Der Tierpfleger zögert. „Was ist, wenn Ihnen einer gefällt, aber Ihre Frau hat etwas dagegen? Die Hunde, die wir vermitteln, müssen ein gutes neues Zuhause bekommen. Die haben alle eine traurige Geschichte. Von mir aus können Sie sich umschauen. Wir geben Hunde aber nur ab, wenn wir wissen, dass sie es gut haben werden. Da müsste Ihre Frau beim Abholen dabei sein."

Das klingt für Opa überzeugend. Anschauen, um zu sehen, ob überhaupt einer in Frage kommt. Dann müsste er mit Oma klar Schiff machen, und – das fällt ihm jetzt erst ein – Felix und Verena sollten auch einverstanden sein! Nun krabbeln ihm wieder Zweifel den Rücken hoch. „Okay, erst mal anschauen, das wäre gut", erklärt er dem Pfleger.

Der zeigt sich einverstanden. „Die Hunde sind ganz hinten."

Sie gehen zu den Gehegen. Eigentlich sind es Zwinger, geht Opa durch den Sinn. Kein Hund ist freiwillig hier. Sie sind

gezwungen, in diesem Tierheim zu sein. Schon als die Hunde ihre Schritte hören, beginnt ein Gejaule und Gewimmer, Geheul und Gebell. Opa versteht den Tierpfleger: Tiere, die hier gelandet sind, sollten es in ihrem neuen Zuhause gut haben.

Immer wenn sie vor einem Gehege stehen bleiben, erzählt der junge Mann vom Schicksal der Tiere. Manche Hundehalter mussten umziehen und durften ihren Hund nicht mitnehmen, weil zum Beispiel in einem Altersheim kein Platz für Hunde ist. Andere Hunde wurden ihren Herrchen einfach lästig, weil man sich die Tierhaltung anders vorgestellt hatte. Manche wurden misshandelt, weil sie Befehle nicht schnell genug befolgten.

Bislang hat Opa keinen Hund entdeckt, der für ihn in Frage kommen würde. Große, bissige oder ständig bellende Hunde wären nichts für ihn.

„Schauen Sie sich diesen drolligen Kerl an: Er wurde einfach mit der Leine an einem Pfosten neben der Autobahn festgebunden. Vielleicht war er seinem Besitzer zu viel geworden, oder er durfte mit ihm im Urlaub nicht in ein anderes Land einreisen – man weiß es nicht. Es kann auch sein, dass ein Kind unbedingt einen Hund haben wollte und ihn dann irgendwann wie ein altes Spielzeug abgeschoben hat."

Da liegt in einem Körbchen ein Hund mit einem braunweißen, zottigen Fell, nicht groß, nicht klein, und schaut zu Opa und dem Pfleger. Er bellt nicht. Er hat den Kopf auf sein rechtes Vorderbein gelegt und blickt aus traurigen Kulleraugen nach oben.

„Das ist ein friedlicher Hund. Ein gesundes Tier. So wie jetzt schaut er normalerweise nicht drein. Wenn man sich mit ihm abgibt, ist er immer fröhlich. Ich glaube, er wäre auch sehr treu", beschreibt ihn der Pfleger.

Bei Opa schlägt es wie ein Blitz ein. „Und wie heißt er?"
„Das wissen wir nicht. Er wurde von der Autobahnpolizei zu
uns gebracht. Wir wissen überhaupt nichts von ihm. Er dürfte
ungefähr drei Jahre alt sein. Wir nennen ihn Knäuel, seines
wolligen Fells wegen. Sieht er, wenn er so daliegt, nicht aus wie
ein Wollknäuel?"

„Der hat es mir echt angetan", gibt Opa kurz darauf zu und ruft:
„Hallo Knäuel, komm mal her zu mir!" Zugleich fängt er an
zu grübeln. Bisher war alles harmlos. Es war kein Hund dabei
gewesen, bei dem er sich ernsthaft Gedanken machen musste,
wie er es Klara, Felix und Verena wohl beibringt. Doch nun
hat er sich schon nach wenigen Augenblicken in diesen Knäuel
verliebt. Mehr noch: Knäuel steht auf, kommt auf ihn zu und
leckt an den Fingern, die Opa durchs Gitter streckt. Knäuel
scheint ihn auch zu mögen. „Wir brauchen nicht weiterzu-
gehen", erklärt Opa dem Pfleger. „Entweder wir einigen uns alle
auf diesen Knäuel oder auf gar keinen."

Jetzt, wo die Probleme erst wirklich auf ihn zukommen, wird
ihm klar, was er für eine verrückte Idee gehabt hat. Opa verabschiedet sich von dem Tierpfleger und vereinbart mit ihm, dass
er sich in den kommenden zwei Wochen melden würde. Dann
fährt er mit tausend Gedanken im Kopf nach Hause. Noch
könnte er seine Idee für sich behalten. Außer dem Pfleger weiß
kein Mensch, dass er im Tierheim war. Der sagt es nicht weiter,
da ist sich Opa sicher. Aber Knäuel weiß es. Und Opa weiß,
dass Knäuel es weiß...

„Na, wie war's in der Stadt? Hast du die Tabletten?", fragt Oma.
„Ja, ich habe die Tabletten und das Brot. Sonst: O. n. V.! Wann
gibt's Essen?"
„Demnächst. Deck schon mal den Tisch!"
Während er die Teller auf den Tisch stellt, ahnt er: Das gibt

mehr als eine schlaflose Nacht. Warum muss ich so verrückte Ideen haben, dass ich mich selbst um den Schlaf bringe? Darüber ärgert er sich ein wenig.

5. Oma mischt mit

„Was ist eigentlich los, Ulrich?", fragt Oma besorgt. „Du sitzt mürrisch am Frühstückstisch, gehst kaum aus dem Haus und siehst aus wie drei Tage Regenwetter …"

„Ach, lass mich! Du kannst nichts dafür. Mir ist halt nicht zum Spaßen zumute." Opa sagt das mit einem Ton in der Stimme, als ob er sich selbst bedauere.

So kennt ihn Oma gar nicht. Trotz seiner Kreuzschmerzen, die ihn manchmal plagen, war er eigentlich fast immer gut drauf. Doch nun benimmt er sich seit Tagen wie ein Trauerkloß. „Was ist passiert, dass du den ganzen Tag so miesepetrig bist?", bohrt sie noch mal nach.

„Och, nichts", jammert Opa voller Selbstmitleid.

„Jetzt lass dir doch nicht alles aus der Nase ziehen!", schimpft Oma ein wenig.

„Reg dich nicht auf, du kannst ja nichts dafür!"

„Wofür kann ich nichts?", erkundigt sie sich energisch.

„Du kannst nichts dafür, dass Verena und Felix Sams Herzenswunsch nicht erfüllen können und er deshalb nicht mehr so fröhlich ist wie früher." Opa legt eine Sprechpause ein, dann seufzt er: „Und wir können Sam auch nicht helfen." Das „wir" hört sich ein bisschen vorwurfsvoll an.

Wie ein Stich ins Herz trifft es Oma, dass jetzt nicht nur ihr Enkel traurig ist, sondern Ulrich auch. Schlimmer noch: Opa, der bisher für jedes Problem eine Lösung gefunden hat, wirkt richtig verzweifelt. Und ihr fällt auch nichts ein. Am schlimmsten findet sie seine Bemerkung „Und *wir* können Sam auch nicht helfen." Das kennt sie von ihrem Ulrich gar nicht: Er hat aufgegeben und sie hat wohl auch ein bisschen Schuld daran. Sie ist ihm nicht böse. Sie weiß nur, so kann das nicht bleiben.

Sie zieht sich ins Arbeitszimmer zurück, sie wollte ohnehin bügeln. Bügeln ist so langweilig, dass sie in Gedanken meist woanders ist. Heute hat sie nur ein Bügelthema im Kopf. Das ist Opas Satz „Und wir können Sam auch nicht helfen." Was bildet der sich eigentlich ein?, denkt sie zornig. Nur weil ihm keine Lösung einfällt, soll mir auch keine einfallen? Da kennt er seine Klara aber schlecht!

Oma läuft richtig zu Hochform auf. Das Bügeleisen flutscht nur so über den Tisch. Plötzlich stoppt es. Sie hat eine Idee. An der bastelt sie so lange herum, bis das Bügeleisen, das zu lange auf einem Fleck gestanden hat, Rauchzeichen gibt. „Herrje, jetzt hat Ulrichs Arbeitshemd einen Fleck", stöhnt sie. „Na ja, ist nur das Arbeitshemd."

Sie stellt das Bügeleisen weg und hängt das Hemd auf einen Bügel ganz hinten im Schrank. Dann setzt sie sich in den Sessel und heckt einen Plan aus. „Oma-Ideen sind etwas seltener, aber genauso gut wie Opa-Ideen", flüstert sie und lächelt verschmitzt.

Sie nimmt den Staubsauger und geht ins Wohnzimmer. Wahrscheinlich liegt Opa immer noch auf der Couch und hört seine Lieblings-CD. Er mag Musik. Am meisten, wenn er sehr zufrieden oder unzufrieden ist. Ob er zufrieden oder unzufrieden ist, hört man an seiner Musik.

Heute ist es einschmeichelnde, schwermütige Musik. Oma schiebt den Stecker in die Dose und lässt den Sauger laufen.

„Muss das jetzt sein?", empört sich Opa.

„Ja, das muss sein", grummelt Oma zurück. „Du hast dich jetzt lange genug selbst bemitleidet. So geht das nicht weiter!"

„Überhaupt kannst du jetzt weitersaugen, ich muss noch telefonieren."

„Wenn es sein muss ...", gibt er seinen Widerstand auf.

Oma geht in die Küche, um zu telefonieren. Opa saugt Staub. Wenn er saugt, hört er nicht, was in der Küche gesprochen wird.

Bei dem wiederum, was Oma während des Telefonats erfährt, glaubt sie, ihren Ohren nicht zu trauen. Na warte!, denkt sie.

Kurz bevor er fertig ist, kommt Oma zurück, lässt sich nichts anmerken und zieht den Stecker.

„Ich koche jetzt. Nach dem Essen kannst du dein Mittagsschläfchen machen. Danach müssen wir in die Stadt zum Einkaufen." Sie wartet seine Antwort nicht ab, fügt nur hinzu: „Aber jetzt saugst du noch fertig!" Sagt's, steckt den Stecker wieder in die Dose und marschiert in die Küche.

Wenn sie so entschlossen auftritt, ist jede Widerrede zwecklos. Schließlich „darf" er ja zuerst sein Mittagsschläfchen halten.

Den Mittagsschlaf genießt er. Es ärgert ihn nur ein bisschen, dass sie so tut, als ob sie ihm sein Schläfchen heute extra erlaubt hätte. Er schläft jeden Tag! Und wenn sie es ohne Grund verbieten würde, dann erst recht! Nach dem Essen lege ich mich aufs Ohr. Danach kann sie von mir aus mit dem Einkaufen kommen, schmollt er.

„Ist das alles, was wir einkaufen müssen?", fragt Opa und zeigt auf den halbleeren Einkaufswagen.

„Ist es dir zu wenig? Warte mal ab, bis du damit an der Kasse bist. Dann sagst du wieder, dass alles teurer würde."

„Stimmt auch wieder", gibt er ungern zu.

Als alles im Kofferraum verstaut ist und sie im Auto Platz genommen haben, will Opa wie immer rechts aus dem Parkplatz herausfahren.

„Hm, Ulrich, bei dem schönen Wetter heute könnten wir eigentlich mal wieder spazieren gehen. Bieg bitte links ab! Wir laufen noch ein bisschen am Waldrand."

Opa hat nichts dagegen, biegt links ab und denkt, dass sie eigentlich recht hat. Ein Spaziergang in der Sonne könnte nach den tristen letzten Tagen nicht schaden.

Oma gibt ihm den Weg an. Merkwürdig, findet er im Stillen, den Weg kenne ich doch. Je weiter er fährt, umso merkwürdiger kommt es ihm vor.

„Oh, guck mal, da vorn ist ja das Tierheim!", platzt es plötzlich aus ihr heraus.

„Ja und?", wundert sich Opa. „Warum betonst du das so? Das Tierheim war doch immer schon da. Was soll die Aufregung, Klara?"

„Nur so", antwortet Oma, die sich beinahe verraten hätte, jetzt betont gelassen. „Ich finde es gut, dass dort Menschen sich um Tiere kümmern, die kein Zuhause mehr haben."

Opas rechtes Augenlid beginnt zu zucken.

„Waren wir da überhaupt schon mal drin?", fragt sie.

„Wie meinst du das? Wir sind doch gar nicht angemeldet", spielt er den Ahnungslosen.

„Weißt du was Ulrich: Ich frag einfach. Fahr bitte auf den Parkplatz und warte im Auto. Vielleicht lassen die uns ja mal kurz hinein."

„Na, ich weiß echt nicht", flunkert Opa. „Okay, weil du's bist."

Sie steigt aus, geht zum Tor, klingelt und spricht in das Türtelefon. Opa reibt sich nervös die Hände. Dann ruft sie ihn.

Gleich fliegt alles auf – mein ganzer schöner Plan!, schießt es ihm durch den Kopf. Der Tierpfleger kennt mich ja. Scheibenkleister aber auch! Daran hatte er nicht gedacht. Trotzdem geht er zum Tor. Er will gar nicht hinschauen und senkt den Kopf.

„Guten Tag, Frau Grünfelder", hört er von der Seite eine tiefe, unbekannte Stimme. Da steht ein Mann mit Bart in seinem Alter. Wo ist denn der junge Tierpfleger, überlegt Opa, als der Fremde ihn anspricht: „Sie sind sicher Herr Grünfelder. Guten Tag." Der Mann gibt beiden die Hand. „Und sie möchten das Tierheim sehen? Ich habe gerade Zeit, die Tiere sind versorgt.

Uns freut es, wenn Menschen Interesse an unserer Arbeit haben. Der richtige Tierpfleger ist heute Nachmittag nicht da. Ich kann ihnen zwar nicht alles erklären, aber die Tiere zeigen kann ich schon."

„Puh", seufzt Opa im Stillen, „Schwein gehabt."

Sie gehen vorbei an Gehegen, die oben geschlossen sind. Das sind Gehege für Katzen. An der Vogelvoliere für die Vögel, die im Tierheim abgegeben oder nachts gar im Käfig davor abgestellt wurden. Vorbei an Häuschen für Kleintiere, also für Hamster, Mäuse und Meerschweinchen – bis sie bei den Zwingern für die Hunde ankommen.

Der alte Mann, der sie führt, spricht nicht viel. Er helfe in seiner Freizeit hier aus, erfahren sie. Die Tiere täten ihm leid.

„Aber die haben's doch gut bei Ihnen", lobt Oma den Aushilfspfleger, obwohl das Hundegebell nun lauter wird.

„Ja, wir versuchen, den Tieren hier ein Zuhause zu geben – ein Zuhause auf Zeit. Am liebsten ist es uns, wenn wir sie möglichst schnell in gute Hände abgeben können."

Plötzlich bleibt Oma stehen. „Ulrich", ruft sie verzückt, „schau dir den drolligen Hund an! Der ist ja hübsch. Guck doch mal – die Kulleraugen!" Sie dreht sich zum Aushilfspfleger herum. „Wie heißt denn der?", will sie wissen.

Opa kann sich gerade noch zurückhalten, dass ihm nicht „Knäuel" herausrutscht.

Die tiefe Stimme antwortet: „Knäuel haben wir ihn genannt, wegen seines Aussehens. Wir wissen nicht viel von ihm."

„Ulrich, hast du schon mal so einen hübschen Hund gesehen? Diese Stupsnase, die wachen Kulleraugen und das wollige Fell – einfach nur niedlich! Den würde ich am liebsten mitnehmen."

„Jetzt übertreibst du aber", fährt es aus Opa heraus.

„Ach Uli, sollten wir nicht darüber nachdenken, ob wir einen Hund aufnehmen könnten?"

„Aber Klara, auf gar keinen Fall!", gibt sich Opa widerborstig. „Wie soll denn das gehen?"

„Nun denk doch mal nach, Ulilein! Jetzt, wo wir nur noch zu zweit im Haus sind, haben wir doch Platz. Wir haben einen Garten, und regelmäßige Bewegung würde uns beiden guttun. Außerdem wäre es ein gutes Werk: Der Hund müsste nicht mehr im Tierheim sein Leben verbringen, sondern bekäme ein gutes Zuhause."

„Klaralein, du hast etwas vergessen: Du möchtest mit deinem ‚guten Werk' zwei Fliegen mit einer Klappe erwischen."

„Wieso?", spielt Oma jetzt die Ahnungslose.

„Sams Herzenswunsch spielt dabei keine Rolle, oder?", hilft ihr Opa auf die Sprünge.

„Ach so, das kommt ja noch dazu! Daran hatte ich gar nicht gedacht", sagt sie mit einem verräterischen Grinsen.

Nun grinst Opa auch. Ganz unbemerkt und nur innen drin. „Das ist jetzt im Moment etwas zu viel für mich. Das muss ich erst ein paar Mal überschlafen. Du hast immer so verrückte Ideen, Klara!"

Sie danken dem Aushilfstierpfleger dafür, dass er sich so viel Zeit genommen hat. „Wann ist denn die Leitung des Tierheims zu sprechen?", möchte Opa wissen.

„Immer vormittags unter der Woche", erklärt der Mann mit der tiefen Stimme. „Ich danke Ihnen für Ihr Interesse." Zu Oma gewandt, fügt er noch hinzu: „Und Ihnen wünsche ich, dass sie Ihren Mann überzeugen können. Ich glaube, Knäuel hätte es gut bei Ihnen. Ich will mich natürlich nicht einmischen. So eine Entscheidung müssen immer beide mittragen."

Sie verabschieden sich – allerdings nicht, bevor Knäuel an Opas Fingern geleckt hat. Ulrich hat sich schon mit ihm angefreundet, denkt Oma. Jetzt muss ich ihn nur noch davon überzeugen, dass es auch geht.

Klara hat angebissen, ist sich Opa sicher. Jetzt muss ich sie nur noch davon überzeugen, dass das mit Knäuel bei uns zu Hause tatsächlich funktioniert. Vielleicht wäre es aber besser, besinnt er sich, wenn ich seelenruhig abwarte und mich von ihr überreden lasse.

6. O. n. V. - Tage

Sam und Martha liegen nun im Bett. Papa war heute mal pünktlich von der Arbeit nach Hause gekommen und hatte sogar Zeit, mit Martha und Sam Memory zu spielen.

Memory ist ganz schön kompliziert, wenn ein 36-jähriger Mann, ein neunjähriger Junge und ein sechsjähriges Mädchen mit Down-Syndrom die Mitspieler sind. Da gelten etwas andere Regeln und viel Verstehen gehört dazu. Wegen Martha schummeln sie manchmal. Nein, das stimmt nicht: Sie schummeln nicht wegen Martha, sie schummeln für Martha.

Wenn Papa und Sam allein spielen, dann kann es gut sein, dass Papa verliert. Sam merkt sich nämlich genau, wo welche Karte liegt. Das ist fast so wie in Mathe. Das Einmaleins kann er rauf und runter. Er ist ein richtiger Merkkünstler. Papa muss sich schon sehr anstrengen, wenn er gegen ihn Memory spielt. Weil Sam gut im Merken und Kombinieren ist, möchte er auch, dass Papa ihm Schach beibringt. Aber der zögert jedes Mal, wenn er ihn fragt. Vielleicht glaubt er, dass er nicht genug Zeit hat, mit ihm zu spielen …

Memory geht schneller. Das kann man auch mal zwischendurch spielen. Und Martha kann auch mitmachen. Sie merkt es nicht, wenn die anderen schummeln. Sam und Papa werfen sich von Zeit zu Zeit einen Blick zu und zwinkern. Wenn sie das tun, dann verabreden sie mit den Augen, dass Martha gewinnt.

Martha merkt sich noch nicht so gut, wo die zusammengehörigen Bilder liegen. Oft ist es Zufall, wenn sie zwei gleiche Bilder aufdeckt.

Wenn Papa und Sam einander zugezwinkert haben, dann ist es kein Zufall, dass sie immer die falschen Bilder aufdecken. Vor Martha tun sie so, als ärgerten sie sich darüber, keine Paare zu finden. Martha schaut ihnen immer genau auf die Finger. Sie grinst über beide Backen, wenn sie merkt, dass das zweite Bild wieder nicht das gleiche ist.

Wenn Martha dann zufällig ein Kartenpaar findet, lacht sie begeistert. Ihre etwas schräg stehenden Augen schließen sich dabei fast. Sie plustert ihre Backen auf und verzieht das Gesicht vor Vergnügen. Dazu ballt sie die Hände und streckt beide Arme in die Höhe. Damit drückt sie aus: Seht, ich hab's geschafft. Und dann „ärgern" sich Sam und Papa noch mehr, obwohl Martha sich nur darüber freut, dass sie zwei gleiche Bilder aufgedeckt hat.

Sie muss aber – das ist die neue Regel – erst richtig gesagt haben, was auf den Bildern zu erkennen ist. Dabei sieht man ihr die Konzentration regelrecht an: Sich bloß jetzt nicht versprechen. Wenn sie es fast richtig ausgesprochen hat, schauen

sich Sam und Papa an, nicken zufrieden und drücken ein Auge zu. Gilt!

Dass sie Papa und Sam besiegt, ist für Martha gar nicht wichtig. Sie kennt das nicht, sich zu freuen, weil man andere im Spiel schlägt. Sie genießt es, die zusammengehörigen Karten gefunden zu haben. Sie lacht, wenn Sam und Papa Ärger vortäuschen und Grimassen dazu machen. Sie mag die Grimassen, nicht den Triumph, gewonnen zu haben. Sie hat es geschafft, ein Paar zu entdecken. Nur das zählt für sie.

Wenn die Mitspieler sie gar noch für ihre Leistung loben, kennt ihre Freude keine Grenzen. Dann lacht nicht nur ihr Gesicht, dann wackelt die ganze Martha.

Verstanden zu werden ist für Martha genauso wichtig wie die Luft zum Atmen.

Für Sam ist Memory zu dritt fast etwas kindisch. Er spielt es nicht mit Martha, sondern er spielt es für Martha. Es ist für ihn auch in Ordnung, dass Papa und er für Martha schummeln. Martha hat Freude, wenn sie schummeln. Sie haben Freude, wenn Martha lacht. Wenn sie so lacht, wie sie lacht, dann wissen beide: Martha ist glücklich. Und sie beide sind über Marthas Glück glücklich.

Als nächstes wollen sie mit „Mensch ärgere dich nicht" anfangen. Sobald Martha abzählen kann, wie viele Punkte auf dem Würfel sind.

Mama brachte heute also zwei glückliche Kinder zu Bett. Nun sitzt sie – neben ihrem zufriedenen Mann – im Wohnzimmer. „Felix, du musst etwas unternehmen", verlangt sie, und diese Aufforderung kommt wie ein Blitz aus heiterem Himmel. „Du hast Samuel vor über einer Woche versprochen, mit den Eltern von Sven und Christian zu reden. Samuel benimmt sich sehr vernünftig. Er bemüht sich, in der Schule mit den beiden klarzukommen. Er kümmert sich liebevoll um Martha und spielt so nett mir ihr, wie du es eben gesehen hast. Er meckert nie, wenn ich sage, dass ich mich zuerst um sie kümmern muss. Er hat so viel Verständnis, dass ich oft denke: Für einen neunjährigen Jungen benimmt er sich zu vernünftig."

„Wie meinst du das: ‚zu vernünftig‘?", will Sams Vater wissen. Alle Zufriedenheit ist aus seinem Gesicht verschwunden.

„Er schluckt den Ärger mit seinen Mitschülern hinunter. Er versteht, dass er erst nach Martha an der Reihe ist und dass er auf vieles verzichten muss, was andere Kinder in seinem Alter bekommen. Das wird auf Dauer nicht gut für ihn sein. Zumindest sollten wir schleunigst versuchen, den Ärger mit Sven und Christian, die inzwischen andere Mitschüler anstecken, zu beseitigen."

„Du hast recht, Verena", gibt Felix zu. „Es ist einfach schwer, einen guten Zeitpunkt zu finden, weil ich meistens so spät von der Arbeit komme. Telefonisch möchte ich das nicht machen."

„Okay." Sams Mutter nickt. „Dann ruf doch morgen vom Geschäft aus die Eltern der beiden Jungen an und sag, es gibt ein Problem, das du persönlich mit ihnen besprechen möchtest. Morgen ist Freitag, da könntest du einen Termin für Samstag vereinbaren."

„Ja, ich werde sie anrufen und fragen, ob es am Samstag passt. Bei dem Wetter sind sie bestimmt zu Hause ..."

Sams Mutter steht auf, legt ihrem Mann im Sessel die Hände auf die Schultern, beugt sich herab und flüstert ihm ins Ohr: „Wir bekommen das hin."

Am Samstag geht Felix erst zu Svens, dann zu Christians Eltern. Er kannte sie bisher nur von Elternabenden. Dort spricht man über Sachen, die einzelne Kinder betreffen, eher nicht. Heute fragt er jeweils ganz direkt, was Sven und Christian gegen

Samuel haben. Ob er den beiden einen Grund gebe, ihn immer wieder zu schikanieren.

Svens Eltern tun so, als würden sie aus allen Wolken fallen. Ihr Junge? Das könne nicht sein. „Was genau soll er denn gemacht haben?", fragt Svens Vater.

„Samuel sagt, dass Sven und Christian ihn grundlos hänseln und seine Schwester beleidigen."

Auch Christians Eltern können sich das von ihrem Sohn nicht vorstellen. „Also was für Beleidigungen meinen Sie?", wollen sie wissen.

„Unsere Tochter als ‚Schlitzauge' zu bezeichnen und ihr das Wort ‚behindert' hinterherzurufen", führt Sams Vater näher aus.

Doch das glauben die anderen Eltern ihm nicht.

In beiden Gesprächen hat Felix den Eindruck, dass ihm etwas vorgespielt wird. Sven und Christian würden nie „Schlitzauge" sagen, behaupten die Eltern. Da seien sie streng mit ihnen. Das könne einfach nicht sein. Eine Gegenüberstellung mit ihren Söhnen lehnen sie aber ab. Felix hat das Gefühl, dass beide Elternpaare den Grund seines Besuches geahnt haben. Die Fragen und Antworten waren jedenfalls sehr ähnlich. Doch das, was Christians Mutter dann sagt, bringt ihn innerlich auf hundertachtzig:

„Was ist denn daran so schlimm, ihre Tochter ‚behindert' zu nennen? Sie ist doch behindert. Da sagen unsere Kinder nichts Falsches. Außerdem benutzen alle dieses Wort, ohne Böses dabei zu denken."

Felix ist kurz davor zu explodieren. Aber in sechs Jahren mit Martha hat er gelernt, dass das nichts bringt. Das macht die Leute nicht schlauer. Lieber kocht er innerlich, als sich öffentlich provozieren zu lassen und Sachen zu erwidern, die alles nur noch schlimmer machen. Äußerlich ganz ruhig erklärt er: „Martha ist in vielen Dingen nicht so weit wie andere Kinder ihres Alters. Davon wird sie noch einiges aufholen. Aber

Martha ist ein Mensch, der keiner Fliege etwas zuleide tut, der ehrlich und ganz und gar liebenswürdig ist." Er macht eine kurze Pause und fügt dann energisch hinzu: „Davon könnten sich ihre Jungs eine Scheibe abschneiden. Guten Tag!"

Sam, der weiß, wen Papa besucht hat, empfängt ihn gespannt an der Tür. „Na, wie war's?", fragt er erwartungsvoll.

Papa legt ihm eine Hand auf die Schulter: „O. n. V., Samuel. Leider. Ich glaube wir müssen lernen, dass es Menschen gibt, von denen man kein Verständnis erwarten kann.

O. n. V., Samuel, bedeutet bei manchen: Ohne nennenswertes Verständnis."

„Das ist ungerecht", ruft Sam und stampft auf. „Das ist so ungerecht!"

Da macht Papa etwas, das er noch nie gemacht hat: Er kniet sich mit einem Bein auf den Boden im Flur, fasst Sam an beiden Schultern und sieht ihn ganz ernst an. „Samuel, du musst wissen: Nicht alles im Leben geht gerecht zu. Und es gehört zum Größerwerden, dass man lernt, mit den Ungerechtigkeiten zu leben. Wir können die Menschen nicht ändern, wenn sie es nicht wollen. Du, Martha, Mama, Opa, Oma und ich, wir sind eine Familie, die jedem von uns Schutz gibt, wenn wir Ungerechtigkeiten ertragen müssen ... Wahrscheinlich kannst du das noch nicht alles verstehen. Ich möchte aber, dass du weißt, dass wir dich verstehen."

Dann drücken sie sich beide wie lange nicht mehr.

7. Wer zuletzt lacht ...

Oma und Opa sitzen am Frühstückstisch. Opa liest in der Zeitung – anders als Oma, die sie meistens nur durchblättert. Sie schüttelt regelmäßig den Kopf und denkt sich: „Was Ulrich bloß an der Zeitung so fesselt ..." Sie interessiert sich zwar auch für neue Nachrichten, aber sie regt sich darüber nie auf. Opa regt sich auf. Manchmal schimpft er halblaut vor sich hin.

Oma findet, dass er bei vielem recht hat. Vom Schimpfen hält sie aber nicht viel. „Davon", meint sie, „wird es nicht besser."

Heute wartet sie, bis ihr Ulrich mit der Zeitung fertig ist. Normalerweise räumt sie den Tisch ab, während er noch liest. Wenn er dann die Zeitung weglegt, wundert er sich oft über den schon abgeräumten Tisch.

Jetzt legt Opa die Zeitung weg und wundert sich, dass der Tisch noch nicht abgeräumt ist. Im Gegenteil: Seine Frau sitzt ihm gegenüber, hat beide Ellenbogen auf den Tisch gestützt, die Hände verschränkt und das Kinn auf die Finger gelegt. Opa kennt diesen leicht vorwurfsvollen Blick, den sie ihm zuwirft. „Bist du verärgert, Klara?", fragt er vorsichtig. „Hab ich etwas falsch gemacht?"

Omas Miene hellt sich nicht auf. „Hast du jetzt Sprechstunde?"

Oh, oh, da ist er plötzlich hellwach, denn wenn sie „Sprechstunde" sagt, hat sie einen Kloß im Hals.

„Ulrich, während du letzte Nacht friedlich vor dich hingeschlummert hast, bin ich überhaupt nicht zur Ruhe gekommen und habe mich von der einen auf die andere Seite gewälzt."

„Bist du etwa krank?", sorgt sich Opa.

„Nein, eher verwirrt", antwortet sie knapp.

„Verwirrt?", wiederholt er langsam. „Dann muss es etwas Ernstes sein."

„Wie man's nimmt. Ich habe die halbe Nacht über unseren

Besuch im Tierheim nachgedacht. Der süße Knäuel geht mir nicht mehr aus dem Kopf. Wir hätten Platz für ihn. Du und ich, wir wären noch rüstig genug, um mit ihm jeden Tag Gassi zu gehen. Sam würde sich freuen, wenn er ihn ab und zu ausführen könnte. Und ich habe ihn ins Herz geschlossen."

Opa triumphiert innerlich, doch er versucht, sich nichts anmerken zu lassen. Klara hat angebissen! Sein Trick hat funktioniert. Nun muss er nur noch zustimmen. Er fühlt sich bereits am Ziel.

Da spricht Oma weiter: „Dann habe ich es mir anders überlegt. Knäuel ist jung und könnte noch 12 Jahre oder länger am Leben sein. Jetzt sind wir zwar noch rüstig, aber was ist in zehn Jahren?", gibt sie zu bedenken, nimmt den Kopf von den Händen und sieht Opa energisch an. „Das Risiko ist zu groß. Das können wir Knäuel nicht antun."

Opa kommt sich vor wie vom Blitz getroffen. Bis eben dachte er, alles liefe wie geschmiert. Er kann es nicht verhindern, dass seine Gesichtszüge länger und länger werden. Keine Spur mehr von dem Pokergesicht, das er beinahe aufgesetzt hätte. Er wird ganz blass und versteht die Welt nicht mehr. Klara hat sich anders entschieden, als er angenommen hatte. „Aber Klara, erst warst du so überzeugt, dass Knäuel gut zu uns passen würde. So alt sind wir doch nun wirklich nicht", versucht er sie umzustimmen.

Darauf hat sie offenbar gewartet. „Nein, so alt sind wir nicht. Aber ich bin alt genug und ich kenne dich lange genug, um mich von dir nicht austricksen zu lassen!" Sie legt eine kleine Pause ein, dass Opa sich wieder fassen und einsehen kann, dass sie ihn durchschaut hat. „Wenn wir uns für Knäuel entscheiden, dann gemeinsam oder gar nicht!", fährt sie fort. „Ich sage dir, wie wir das machen. Aber erst hilfst du mir, den Tisch abzuräumen."

Selten war der Tisch schneller leergeräumt als heute. Opa wirkt sehr erleichtert, als sie sich wieder hinsetzen.

„Ich habe zwei Zettel vorbereitet", beginnt seine Frau.

Zwei Zettel? Opa ist gespannt.

„Die sind wie bei einer richtigen Wahl in zwei Umschläge gesteckt. Hier ist deiner."

Opa platzt schier vor Neugier.

„Du kannst sitzen bleiben. Ich gehe ins Arbeitszimmer, um meinen auszufüllen. Schließlich ist es eine geheime Wahl."

Opa ist baff. Verschlossene Umschläge. Wahlzettel. Geheime Wahl! Was war bloß in seine Frau gefahren? Zuerst schien es, als ob sie angebissen hätte, dann tat sie so, als habe sie sich gegen Knäuel entschieden, und nun legt sie ihm einen Umschlag mit einem Wahlzettel auf den Tisch.

„Du kannst es dir aussuchen: Entweder keine geheime Wahl. Dann bleibt Knäuel im Tierheim. Oder geheime Wahl. Dann werden wir sehen, wie's ausgeht. Bei Unentschieden heißt es ‚Nein' zu Knäuel."

„Tolle Wahl!", stöhnt Opa. So hatte er sich seinen Trick ganz und gar nicht vorgestellt. Er weiß nicht, worüber er sich mehr ärgern soll: Über die geforderte Wahl oder darüber, dass seine Klara ihm nicht auf den Leim gegangen ist, obwohl er alles so gut eingefädelt hatte.

Oma wartet seine Antwort nicht ab. „Ich gehe jetzt für zehn Minuten ins Arbeitszimmer und fülle den Zettel aus. Zehn Minuten müssten dir reichen, um deine Antwort anzukreuzen. Du hast dir ja schon tagelang Gedanken gemacht und rumgetrickst. Aber überleg es dir trotzdem gut. Es gibt nur eine Wahl. Das Ergebnis gilt!" Und weg ist sie.

Ziemlich bedröppelt sitzt Opa am Tisch. Er greift den Umschlag und dreht ihn mehrfach in der Hand. Jetzt sind wir so lange verheiratet und nun das, denkt er. Ich muss eine Wahl an-

nehmen und sogar schriftlich mein Kreuzchen machen. In zehn
Minuten. Er nimmt sich vor, in Zukunft nicht mehr zu tricksen.
Auf jeden Fall nicht bei Klara. Er öffnet den Umschlag und holt
einen Zettel heraus. „Wahlzettel" steht darauf. Darunter findet
er die zwei Möglichkeiten, die er hat:

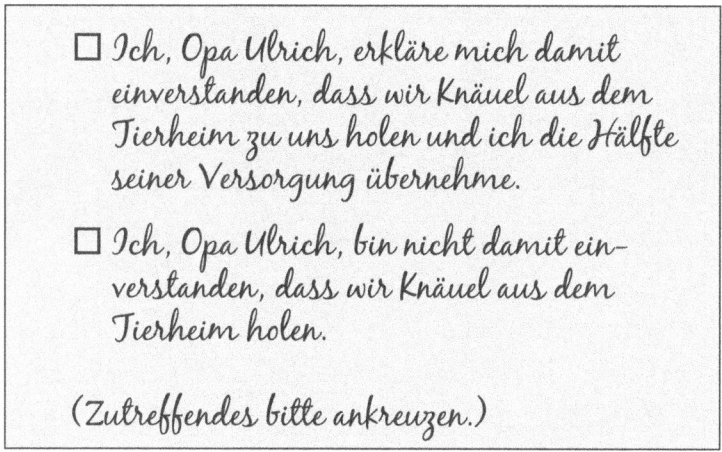

☐ Ich, Opa Ulrich, erkläre mich damit
einverstanden, dass wir Knäuel aus dem
Tierheim zu uns holen und ich die Hälfte
seiner Versorgung übernehme.

☐ Ich, Opa Ulrich, bin nicht damit einverstanden, dass wir Knäuel aus dem
Tierheim holen.

(Zutreffendes bitte ankreuzen.)

Opa macht sein Kreuzchen, steckt den Wahlzettel in den
Umschlag und wartet. Kurz darauf kommt Oma. Sie legt ihren
Umschlag mitten auf den Tisch. Opa schiebt seinen dazu. Oma
setzt sich hin. „Wer macht auf?", fragt sie.
    „Ich deinen, du meinen", schlägt er vor. „Ich fange an."
    „Einverstanden."
    Er nimmt ihren Umschlag, öffnet ihn und legt den Wahl-
zettel mit der Schrift nach unten auf den Tisch. Klara macht es
genauso. Beide schauen sich an. Im Esszimmer knistert es nun
fast vor Spannung. „Okay, eine Entscheidung muss fallen. Unentschieden heißt ‚Nein', oder?", versichert er sich nochmals.
    Oma nickt. Dann dreht sie den Wahlzettel um, der vor ihr
liegt, und liest laut vor: „Ich, Opa Ulrich, erkläre mich damit
einverstanden, dass wir Knäuel aus dem Tierheim zu uns holen
und ich die Hälfte seiner Versorgung übernehme."

Nun ist er an der Reihe und liest: „Ich, Oma Klara, erkläre mich damit einverstanden, dass wir Knäuel aus dem Tierheim zu uns holen und ich die Hälfte seiner Versorgung übernehme."

Beide schauen sich an und grinsen um die Wette.

„Wer bringt es Felix und Verena bei?", will Opa noch wissen.

„Du", kommt es von Oma wie aus der Pistole geschossen. „Wer versucht, seine liebe Klara auszutricksen, kann auch einen Beschluss mitteilen."

Opa schluckt. „Und wer sagt es Sam?"

„Wir beide, es ist ja unser gemeinsamer Entschluss!", erwidert Oma. „Du fragst Verena und Felix, ob wir Sam zum Abholen mitnehmen dürfen."

Mit diesem Auftrag ist Opa zufrieden. Er hat schon den freudig verdutzten Blick seines Enkels vor Augen, wenn sie am Tor des Tierheims stehen. Vorher soll nichts verraten werden.

„Und wer erklärt es Martha?", erkundigt sich Oma etwas unsicher.

„Vorerst niemand!", bestimmt jetzt Opa. „Das braucht Zeit."

„Komisch, eigentlich sind wir uns ja jedes Mal einig, Ulilein." Klara lächelt zufrieden.

Opa schüttelt nur den Kopf und schmunzelt darüber, wie sie ihn ausgetrickst hat. „Zwei Fragen hätte ich noch", sagt er dann. „Erstens: Wann hast du die Wahlzettel geschrieben und in die Umschläge gesteckt? Ich war doch den ganzen Morgen da."

„Gestern Abend, als du vorm Fernseher gesessen hast."

Da kann sich Opa nur wundern. Aber dann stellt er seine zweite Frage: „Wie bist du mir überhaupt auf die Schliche gekommen?"

„Rate mal, warum der junge Tierpfleger ausgerechnet, als wir beide kamen, nicht da war?" Sie strahlt übers ganze Gesicht.

Opa staunt nur noch und kann gar nicht mehr aufhören, den Kopf zu schütteln. „Klara, Klara – gut, dass wir zwei mal wieder einer Meinung sind", stellt er schließlich fest. „Ach, übrigens: Wo kommt eigentlich der dunkle Fleck auf dem Rücken meines Arbeitshemdes her? Den habe ich heute beim Anziehen bemerkt."

Oma wird rot. Bevor ihr Mann es mitbekommt, steht sie auf, stellt sich hinter ihn und tut so, als ob der Fleck neu für sie wäre. „Hm, Uli, das sieht sehr verbügelt aus. Könnte daran liegen, dass dein Arbeitshemd so alt und ausgewaschen ist. Vielleicht war ich beim Bügeln in Gedanken gerade woanders ..."

„Ist nicht schlimm, Klara. Ich brauche ohnehin mal ein neues."

8. Überrumpelt!

Es klingelt an der Tür. „Das wird Opa sein", vermutet Verena,
„er hat gesagt, dass er mit uns sprechen will, wenn die Kinder
im Bett sind." Felix bleibt sitzen, sie macht die Tür auf. „Hallo
Opa." Wie üblich umarmen sie sich kurz und geben sich ein
Küsschen auf die Wange.

„Guten Abend, Verena. Sind die Kinder im Bett?"

„Ja. Jetzt bin ich aber gespannt, was du uns zu erzählen hast",
sagt Verena. Es ist ungewöhnlich, dass sich Opa erkundigt, ob
die Kinder im Bett sind. Normalerweise fragt er, ob die Kinder
noch wach seien.

„Wart's ab!", antwortet er lässig.

„Guten Abend, Felix", ruft er dann, geht auf seinen Schwie-
gersohn zu und gibt ihm die Hand, bevor dieser aufstehen kann.
„Bleib sitzen!" Opa möchte keine Zeit verlieren. Er hat sich
einen Plan zurechtgelegt und den verfolgt er jetzt.

Verena deutet mit der Hand an, dass Opa im Sessel Platz
nehmen soll. „Schieß los!", fordert sie ihn auf.

„Ich will euch nicht lange auf die Folter spannen: Oma und
ich haben entschieden, uns einen Hund zuzulegen. Wir haben
im Tierheim einen entdeckt. Er heißt Knäuel. Seit ihr bei uns
ausgezogen seid, ist es etwas still geworden. Wir sind beide der
Meinung, dass uns ein Hund, der Leben in die Bude bringt, gut
täte. Das wollte ich euch einfach mitteilen. Auch im Namen von
Klara."

Verena und Felix sitzen wie angenagelt auf dem Sofa. Sie
schauen drein, als ob in ihrem Wohnzimmer eine Bombe
geplatzt wäre. Haben sie richtig gehört? Hat Opa sich versprochen? Hat er vielleicht Schildkröte statt Hund gemeint?
Wenn schon ein Haustier, dann würde eine Schildkröte viel
besser zu ihm passen. Die ist gemütlich und verliert keine

Haare auf dem Teppich ... Oder Fische in einem Aquarium. Die bellen nicht und rennen nicht davon.

Opa muss sich versprochen haben. Fast gleichzeitig fragen sie: „Hast du ,Hund' gesagt?"

Opa lehnt sich in seinem Sessel zurück, legt wieder seine Armschranken auf den Bauch und spielt den Coolen. „Ja, ,Hund' habe ich gesagt."

Verena und Felix sind perplex. Oma und Opa wollen sich einen Hund zulegen. Das ist, als wenn es im Sommer schneien würde.

Opa wirkt zufrieden. Seine Überraschungstaktik ist ihm gelungen. Er hat alles gesagt, was zu sagen war. Nun sind Verena und Felix am Zuge. Die sitzen immer noch wie versteinert auf dem Sofa.

Verena erholt sich schneller von der Nachricht: „Und ihr seid euch sicher, dass das eine gute Idee ist?"

„Ja. Die beste, die wir seit langem hatten." Opa gibt sich sehr gelassen. Seine Armschranken zeigen Verena und Felix: Widerstand ist zwecklos.

Trotzdem versucht es Felix noch einmal: „Habt ihr euch überlegt, was es für einen Aufwand bedeutet, einen Hund zu halten?"

Früher hätte Opa auf so eine Frage verärgert reagiert und geantwortet: „Klara und ich sind alt genug, so etwas alleine zu entscheiden!" Aber heute gehört es zu seiner Taktik, dass alle sehen sollen: Wir haben uns entschieden, und entschieden ist entschieden. „Ja", bestätigt er, und legt zum Zeichen, dass an dem Entschluss nicht mehr zu rütteln ist, die Beine übereinander.

Verena und Felix geben ihren Widerstand auf. „Gut, das müsst ihr selber wissen. Ihr seid alt genug, um abzuschätzen, was da

auf euch zukommt", sagt Verena. „Wann wollt ihr ihn holen?"
Sie kennt ihren Vater seit 35 Jahren. Die Mutter ließe sich
vielleicht umstimmen. Doch wenn ihr Vater sich etwas in den
Kopf gesetzt hat, ist er störrisch wie ein Esel. Und wenn sie es
tatsächlich gemeinsam beschlossen hatten, dann war Hopfen
und Malz verloren.

Opas Überrumpelungstaktik schien also funktioniert zu
haben. Er öffnet seine Armschranken, setzt sich aufrecht
in den Sessel und legt die Unterarme auf die Lehnen. „Wir
haben uns die Entscheidung nicht leicht gemacht. Wir haben
sogar schriftlich abgestimmt." Opa schmunzelt. „Wir sind im
Tierheim einem Hund begegnet, der wunderbar zu uns passt.
Dann haben wir überlegt, ob das in unserem Alter noch geht,
weil so ein Tier eben nicht nur Freude, sondern auch Arbeit
macht. Wir haben uns beide auf Anhieb in Knäuel verliebt –
und trotzdem haben wir gut geprüft, ob es uns möglich ist, ihm
ein Zuhause zu geben."

„Nun, es ist eure Entscheidung und da will ich mich nicht
einmischen", stellt Felix klar. „Aber überrascht sind wir schon."

„Das wissen wir doch. Klara wird begeistert sein, wenn ich
ihr erzähle, dass ihr zuerst wie angeklebt auf dem Sofa gesessen
seid und dann unseren Entschluss respektiert habt. Ganz
ehrlich: Ich war mir nicht sicher, wie ihr auf diese Nachricht
reagieren würdet."

Felix schüttelt ungläubig den Kopf: „Also von *dir* bin ich ja
verrückte Ideen gewohnt, aber dass Klara da mitmacht?"

Nun sitzen alle entspannt im Wohnzimmer und lächeln. Das
ist der Moment, auf den Opa gewartet hat: Jetzt muss die ganze
Wahrheit auf den Tisch. „Wisst ihr", beginnt er, als ob er einen
Vortrag halten wollte, „wir sind überzeugt, dass Knäuel nicht
nur uns guttun würde ...", und er schaut verlegen zu seiner
Tochter.

„Samuel hat bei eurer Entscheidung sicher keine Rolle gespielt?", fragt Verena mit einem überfreundlichen Gesicht, das sie immer aufsetzt, wenn sie Opa auf die Schliche gekommen ist.

„Also ja, Sam …", fängt Opa an zu stottern.

Felix, der die Wortspiele seiner Frau mit ihren Eltern inzwischen kennt, findet die Entscheidung plötzlich gut. „Das wird Samuel freuen, wenn er hin und wieder mithelfen kann, den Hund zu versorgen, und dass er ihn ausführen darf", denkt er laut.

„Ja, darf er. Wenn ihr nichts dagegen habt, würden wir Sam gerne mitnehmen, wenn wir Knäuel abholen", schlägt Opa vor.

Verena und Felix zeigen sich einverstanden. Sie freuen sich für ihren Sohn und wissen nun, dass Samuel bei Opas und Omas Entschluss die Hauptrolle gespielt hat. Wie immer mischen sich in ihre Freude aber auch Gedanken, die Martha betreffen. Wie wird sie es aufnehmen? Wird sie noch gern zu Opa und Oma gehen, wenn sie weiß, dass dort ein Hund im Haus ist? Man wird sehen, denken beide unabhängig voneinander.

„Es ist spät geworden und sicher rutscht Klara schon unruhig auf dem Sofa hin und her", vermutet Opa, sichtlich zufrieden mit dem Ergebnis seines Besuches. „Ich mache einen Termin im Tierheim aus – an einem Nachmittag, wenn Sam keine Schule hat. Ich melde mich dann bei euch. Bitte verratet Sam nicht, worüber wir gesprochen haben."

Verena versichert ihm das. Sie kennt schließlich ihren Vater: Der wird wohl schon dabei sein, eine weitere Überraschungstaktik auszutüfteln.

„Na, wie war's?", erkundigt sich Oma ungeduldig. Sie steht bereits an der Haustür, weil sie das Garagentor gehört hat.

„O. n. V., Klaralein."

Oma nickt zufrieden.

„Sie waren sofort einverstanden. Jetzt müssen wir nur noch einen Termin im Tierheim ausmachen, Futter, Leine und Körbchen kaufen, und dann sind wir zu dritt", stellt Opa ganz gelassen fest, als ob es die logischste Sache der Welt wäre, sich in ihrem Alter für einen Hund zu entscheiden.

„Zu viert, Ulrich, zu viert sind wir dann ..." Oma hat nicht so viele Einfälle wie ihr Ulrich, aber sie denkt gern weiter.

9. Wo ist Knäuel?

„Das habt ihr euch ja raffiniert ausgedacht!", lacht Verena ins Telefon. Opa hatte ihr gerade seinen Plan erläutert, wie sie Knäuel abholen wollen. „Von uns aus könnt ihr das so machen. Ich finde es ja witzig, was ihr vorhabt, aber ihr müsst es selbst ausbaden, wenn es schiefgeht."

„Verena und Felix sind einverstanden", erklärt Opa seiner Klara.

„Das wundert mich nicht. Sie finden es gut, dass Sams Herzenswunsch zumindest teilweise erfüllt wird. Wir haben einen Plan, wie wir Sam zeigen können, dass es auch sein Hund ist – und sie sind einverstanden. Das heißt", überlegt Oma, „wir dürfen es machen, sind aber auch selbst schuld, wenn es nicht klappt."

„Ach was, Klara, du bist immer misstrauisch. Nachdem wir das gemeinsam ausgeklügelt haben, klappt das auch", zerstreut Opa alle Zweifel. Er reibt sich die Handflächen und fügt noch an: „Und alle sind zufrieden."

Es ist Montag, bald Mittagessenszeit. Durch die Küche und das Esszimmer zieht der verlockende Duft der Dampfnudeln. Oma öffnet das zweitletzte Kirschkompottglas. Sie ist aufgeregt. Jetzt könnte Sam endlich kommen, denkt sie, als sie einen Blick in den Backofen wirft. Die Dampfnudeln brauchen nicht mehr lange, die dicke Vanillesoße blubbert im Topf und Opa hat schon den Tisch gedeckt. Die Milch für den Kakao wartet nur darauf, warm gemacht zu werden.

„Wo bleibt er denn?", fragt Opa ungeduldig und schaut zum Fenster hinaus. „Ich sehe ihn!", ruft er plötzlich. „Er steht auf der Leiter zum Baumhaus und füllt das Futter im Vogelhaus nach." Opa öffnet das Fenster. „Hey, Sam, komm zum Mittagessen, sonst ist deine Leib- und Magenspeise verkocht!"

„Ich komme, aber die Vögel sollen auch ihr Mittagessen haben",
gibt Sam beschäftigt zur Antwort. Er wundert sich ein bisschen,
dass Oma schon wieder seine Leib- und Magenspeise zubereitet
hat. Sam könnte zwar jeden Tag Dampfnudeln essen, aber
Oma macht die eigentlich nur an besonderen Tagen. Egal. Der
Dampfnudelduft, der aus dem Esszimmerfenster strömt, macht
ihm Beine.

„Hallo Oma, hallo Opa!", ruft er eilig, nachdem er in die
Küche gestürmt ist.

„Hallo Sam!", begrüßen ihn beide fast gleichzeitig.

Was ist denn heute los? Sam staunt. Der Tisch ist gedeckt,
die Vanillesoße blubbert auf dem Herd, die Dampfnudeln sind
bis zum Rand des Topfes aufgegangen, und das Kirschkompott
steht schon in Schalen neben den Tellern. Alles so wie an
Dampfnudeltagen, aber irgendwas ist doch anders, denkt er.
Da liegt noch etwas in der Luft, nicht nur der Dampfnudelduft … Gleich darauf beschließt er, die Grübeleien bleiben zu
lassen. Sein Lieblingsgericht will mit Genuss verspeist werden.
Störende Gedanken sind wie Klumpen in der Vanillesoße.

Es ist eine freudig-gespannte Stimmung, die heute über dem
Mittagessen liegt. Nachdem Sam den Haupthunger gestillt hat,
erzählt er vom Vormittag und von den guten Noten der letzten
Woche. Dann verlangt er allerdings, sozusagen zum Dank für
die Auskunft – oder für die guten Noten – einen Dampfnudel-
nachschlag.

Oma und Opa spüren, dass ihr Enkel gut drauf ist. „Wenn
du gerade so gut aufgelegt bist, dann passt das ja prima, was
wir mit deiner Mutter ausgemacht haben." Opa findet, dies sei
genau der richtige Moment, ihren Plan anzugehen.

„Was habt ihr denn ausgemacht?", will Sam wissen.

„Wir haben vorgeschlagen, mit dir einen kleinen Winterspa-
ziergang zu unternehmen. Deine Mutter meinte, der täte dir

sicher gut, weil du die letzten Tage so viel büffeln musstest", erklärt Opa.

Sam will nicht unhöflich sein und antwortet mit einem langgezogenen: „Okay." Normalerweise findet er Spaziergänge eher langweilig. Vielleicht, denkt er, haben sie sich deshalb so viel Mühe mit dem Mittagessen gegeben, damit er sie ohne Murren auf dem Spaziergang begleitet.

Sie räumen gemeinsam den Tisch ab.

„Sam, machst du zuerst deine Hausaufgaben? Die Sonne scheint lange genug, dass du sie noch machen kannst, bevor wir losgehen. Hinterher hast du ja doch keine Lust mehr." Oma weiß, wovon sie spricht. Ganz besonders heute. Darauf verschwindet sie im Arbeitszimmer.

Opa hält wie immer im Wohnzimmer sein Nickerchen. Sam macht im Esszimmer seine Hausaufgaben. Zum Glück hat er nicht so viel aufbekommen.

„Können wir jetzt gehen?", flüstert Sam durch den Spalt der Wohnzimmertüre – so leise, dass Opa es nur hören wird, wenn er wach ist.

„Von mir aus gerne, ich konnte ohnehin nicht richtig schlafen. Holst Du Oma?"

Wenige Minuten später fährt Opa das Auto aus der Garage und lässt beide einsteigen.

„Wo wollt ihr denn spazieren gehen?", erkundigt sich Sam.

Wie aus einem Mund kommt von Oma und Opa: „Am Waldrand entlang." Sie merken, dass es wie abgesprochen klang. Schnell schiebt Oma deshalb eine Begründung hinterher: „Da ist es schön sonnig."

„Und ich möchte nicht so weit fahren. Da gibt es schon gleich hinter dem Ort Parkplätze", erklärt Opa betont gelassen.

Nach kurzer Fahrt stellt er das Auto ab. Sie laufen eine halbe Stunde an hohen Bäumen entlang und unterhalten sich darüber, wie es mit Sams Baumhaus weitergehen soll, wenn das Frühjahr beginnt. Sam möchte ein richtiges regenfestes Dach, sodass er jederzeit im Baumhaus bleiben kann. Das muss in diesem Jahr unbedingt nachgerüstet werden. Und vielleicht noch eine Heizung – wenn die Glasfenster drin sind ...

„Ihr könnt machen, was ihr wollt, aber ich setze mich auf die Bank da vorne. Die steht schön in der Sonne." Wenn Oma das so bestimmt, lohnt sich keine Widerrede. Die beiden anderen könnten zwar weiterlaufen, aber Oma brächten keine zehn Pferde von der Bank weg.

„Gute Idee!", pflichtet Opa ihr bei.

Sam wundert sich, dass Opa nicht mal zum Schein Widerspruch einlegt. Normalerweise murrt er immer etwas, wenn ein guter Vorschlag kommt, der nicht von ihm ist.

Diesmal rennt Opa los und setzt sich als erster hin. „Das wollte ich auch gerade vorschlagen", schnauft er.

Oma, die seine Marotten eigentlich mag, lacht und ruft ihm hinterher: „Du alter Kindskopf!"

Sam findet es witzig, wie seine Großeltern manchmal miteinander sprechen. Er ist ganz froh über die Pause und setzt sich neben Opa. Spazierengehen ist nicht so sein Ding.

„Sam", fängt Opa feierlich an zu reden: „Sam, wir müssen dir etwas mitteilen." Er stockt. „Klara, sag du's ihm."

Das lässt sich Oma nicht zweimal sagen. So eine wichtige Nachricht, an der sie hin und her überlegt haben, – die mitzuteilen, ist ihr echt eine Ehre. Sie ist allerdings keine Freundin langer Reden: „Sam, wir haben beschlossen, uns einen Hund anzuschaffen."

Sam glaubt, nicht richtig gehört zu haben. Seit so langer Zeit wünscht er sich einen Hund, und nun sollen seine Großeltern, bei denen noch nie die Rede davon war, beschlossen haben, sich einen anzuschaffen? „Oma, sag das noch mal. Ich glaub', ich habe mich verhört."

„Wir – schaffen – uns – einen – Hund – an", wiederholt Oma und betont jedes Wort extra.

Sam ist ganz baff. Ach was baff, mehr als das! Es hat ihm auf einmal die Sprache verschlagen.

„Oma und ich wollten, dass wieder etwas mehr Leben in unser Häuschen kommt. Seit ihr ausgezogen seid, ist es etwas still geworden", versucht Opa seinem Enkel begreiflich zu machen, was sie beschlossen haben.

Sam schaut im Wechsel nach rechts und nach links, um sich zu vergewissern, dass ihn seine Großeltern nicht vergackeiern. „Opa, schwör, dass das nicht wieder eine verrückte Idee von dir ist, dass du mich nicht auf den Arm nimmst!"

„Du weißt, ich schwöre nicht gerne. Aber ich gebe dir mein Ehrenwort, dass wir es fest vorhaben." Opa spricht zu Sam wie zu einem Erwachsenen. Wenn er das macht, dann weiß Sam, dass er nicht schwindelt.

„Und ich werde es dir gleich beweisen."

Jetzt kapiert Sam gar nichts mehr. Die Gedanken purzeln in seinem Kopf nur so hin und her: Wie sollte das gehen? Hätte Opa einen Zylinder auf, dann könnte er ja einen Hund herbeizaubern. Hat er aber nicht. Nur seine olle Pudelmütze. Einen Pudel werden sie sich doch hoffentlich nicht anschaffen … Nichts gegen Pudel, aber ein gelockter Körper auf vier Stelzen? Sam hat das Rätselraten satt: „Beweis es mir bitte, ich platze gleich!"

„Nichts leichter als das!", jubelt Opa. „Aber vorher muss ich dir noch etwas erklären."

Na also, wusste ich's doch, denkt sich Sam, nun kommt die Ausrede.

„Ich muss dir noch erklären, dass es nicht nur unser Hund sein wird, sondern der Hund von allen dreien, die hier auf dieser Bank sitzen. Er wird bei uns wohnen, aber du darfst ihn holen, wann immer du willst. Halt: Immer, wenn es deine Eltern erlauben."

Sam ist vor Freude ganz außer sich. Er darf einen Hund haben! Also, mit Opa und Oma zusammen. Ein Tier, das ihm gehören wird, immer wenn er Zeit hat und wenn es Papa und Mama erlauben ...

Plötzlich kommen leise Zweifel bei ihm auf: „Wissen Mama und Papa davon?", erkundigt er sich.

Jetzt ist Omas Einsatz gefragt: „Sie freuen sich sogar, dass wir das machen und dein Herzenswunsch endlich in Erfüllung geht." Bei sowas flunkert sie nie.

Nun ist sich Sam sicher: Kein Scherz. Er steht auf und umarmt seine Großeltern abwechselnd mehrere Male. Davon hat er nicht mal mehr zu träumen gewagt.

„Tja, Sam, da wäre nur noch ein Problem", gibt Opa zu bedenken. Sam erstarrt. „Der Hund!" Opa macht ein ratloses Gesicht.

Daran hat Sam vor lauter Jubel gar nicht gedacht. Er stutzt. Opas Worte „werde es dir gleich beweisen" fallen ihm ein. Nun besteht er darauf.

Opa lässt sich nicht in Verlegenheit bringen: „Okay, dann müssen wir noch ein kleines Stück weiter gehen. Hinter der nächsten Kurve liegt das Tierheim."

„Das weiß ich doch", unterbricht ihn Sam.

„Aber du weißt nicht, dass wir jetzt dorthin gehen und du dir unseren Hund aussuchen darfst."

Sam kommt aus dem Staunen nicht heraus. Und langsam dämmert es ihm, warum sich Oma unbedingt auf diese Bank setzen wollte. Wie von der Tarantel gestochen springt er auf und rennt in Richtung Tierheim. Er hört kaum noch, dass Opa ihm hinterherruft: „He, Bub, wir alten Leute sind keine Schnellzüge!"

Am Tor des Tierheims wartet er ungeduldig. Als die Großeltern endlich bei ihm sind, darf er klingeln.

„Ich komme", tönt es freundlich aus dem Türlautsprecher.

„Wir hatten telefoniert", sagt Opa, als der junge Tierpfleger vor ihm steht.

„Okay, wie vereinbart, Sie dürfen sich hier umsehen", erinnert sich der Tierpfleger. „Sie holen mich, wenn sie einen Hund gefunden haben. Ich bin im Büro", schiebt er nach und geht.

Das ist Sams Stunde! Er darf einen Hund aussuchen. Er will sich Zeit dabei lassen und alle Hunde genau betrachten. Schließlich ist es ein Hund für drei Personen, das muss gut überlegt sein. Eine Dogge? Die schmeißt Oma ja um. Ein Chihuahua? Da schämt sich Opa. Was soll er mit einem Schoßhündchen? Ein Mops? Wenn er mit dem spazieren ginge, würden ihn Sven und Christian erst recht auslachen.

Oma und Opa halten sich unauffällig zurück. Es ist ja Sams Wahl. Sie sind sich ihrer Sache sicher: Er wird den richtigen Hund finden.

Sie gehen an vielen Gehegen vorbei. Große Hunde, die außerdem laut bellen, kommen schon mal nicht in Frage. Und solche, die Sam kaum bis ans Knie reichen, auch nicht. Da bricht sich Opa ja das Kreuz, wenn er sich so weit hinunterbücken muss. Sabbernde Hunde sind genauso ausgeschlossen. Oma bekäme Zustände, wenn ihre geliebten Teppiche vollgesabbert würden. Der mittelgroße Rottweiler dort, der wäre gut. Dann würden Sven und Christian sich hüten, ihm Schimpfworte über Martha hinterherzurufen. Aber der wächst ja noch und kann richtig groß werden ...

Während Sam die Hunde mustert, werden Oma und Opa immer unruhiger. Sie sind schon gleich bei den letzten Gehegen angekommen – und da ist keine Spur von Knäuel.

Sam findet einen Bernhardiner witzig, aber der ist zu groß und sabbert. Nur noch ein Gehege, und bisher war noch kein Hund dabei, der zu allen dreien gepasst hätte. Der letzte Hund ist ein Mischling: mittelgroß, schwarz, mit einem schönen Kopf. „Der gefällt mir eigentlich ganz gut", erklärt Sam. Er hätte auch sagen können: „Unter denen, die hier sind, finde ich diesen am besten."

Opa und Oma schauen sich fragend an. Opa zuckt ratlos mit den Achseln. Der schwarze Mischling ist sicher auch nicht schlecht. Aber wo ist ihr Knäuel? Ist ihnen vielleicht jemand zuvorgekommen und hat ihn schon mitgenommen?

„Klara, geh doch bitte mal ins Büro und frag nach, ob das alle Hunde sind", bittet Opa fast flehend.

„Ja, ich frage nach", stammelt Oma. „Das verstehe ich nicht." Sie läuft kopfschüttelnd den Weg zurück.

Nun wundert sich Sam erneut. Was versteht Oma nicht? Der schwarze Mischling ist doch schön ...

Im Büro reagiert der Tierpfleger erstaunt, als Oma sich nach Knäuel erkundigt. „Wieso? Ist der nicht im Gehege?" Er holt einen Plan aus der Schreibtischschublade, studiert ihn und meint: „Knäuel müsste längst zurück sein. Bei uns kommen regelmäßig Leute vorbei, die einen Hund nur für einen Spaziergang abholen. Ehrlich gesagt: Viele nehmen am liebsten Knäuel mit."

Jetzt fällt Oma ein Stein – nein, ein ganzer Fels – vom Herzen. Knäuel ist noch da. Oder besser: Er müsste da sein.

„Der kommt sicher gleich wieder. Er ist mit einer netten Frau unterwegs, die keine Tiere in ihrer Wohnung halten darf, und die ist sehr zuverlässig. Es wird am schönen Wetter liegen, dass sie heute so lange draußen sind", beruhigt der Tierpfleger Oma.

„Käme nicht auch ein anderer Hund in Frage?"

Sofort flackert ihre Unruhe wieder auf. Was, wenn Sam sich für den schwarzen Mischling entschieden hat und ihn Knäuel vorzieht, schießt es ihr durch den Kopf. Dann hätten wir ein Problem. Sams Wahl könnte anders ausfallen als unsere, ahnt sie das drohende Unheil. Normalerweise ist sie ja großzügig und akzeptiert Sams Meinung. Aber für beide Großeltern war Knäuel Liebe auf den ersten Blick. Sie wird ganz kribbelig.

Der Tierpfleger schaut aus dem Fenster und ruft: „Da kommen sie!"

„Gleich haben wir den Salat!", ärgert sich Oma. Es wäre so peinlich. Aber das hatten sie nun von ihrer Heimlichtuerei! Sie und Ulrich würden es ausbaden müssen, das ist klar. Ihr graust vor dem Rausgehen.

„Nun, mal sehen, was ihr Enkel meint", sagt der Tierpfleger und fordert sie auf, ihm zu folgen.

„Klara, schnell, das musst du dir anschauen!", ruft Opa von weitem. Er ist ganz aus dem Häuschen.

Wahrscheinlich, weil Sam sich für den schwarzen Mischling

entschieden hat, vermutet sie. Jetzt haben wir uns also selbst ausgetrickst. Hektisch blickt sie sich um. „Wo ist Knäuel überhaupt?"

Sie sieht nur Opa, der immer noch dasteht und mit der rechten Hand herumfuchtelt, um ihr zu zeigen, dass sie schnell kommen soll. Als sie ihn erreicht hat, traut sie ihren Augen nicht: Auf einem umgedrehten leeren Futtereimer sitzt Sam – und Knäuel auf seinem Schoß. Sam lacht vor Begeisterung, während Knäuel ihm mit der Zunge das Gesicht wäscht.

Oma legt ihren Arm um Opas Hüfte. Der macht das Gleiche bei ihr. Sie schauen abwechselnd Sam mit Knäuel und einander an.

„Ich hab doch gleich gesagt, dass es klappt", spielt er den starken Mann und denkt: Das hätte ins Auge gehen können. Was haben wir für einen Dusel gehabt!

Oma verdrückt ein Tränchen beim Anblick ihres strahlenden Enkels. Sie ist glücklich. Ulrichs Worte hat sie gehört. Aber sie sind nun schon so lange miteinander verheiratet, dass er ihr nichts mehr vormachen kann. Sie weiß, was er denkt, auch wenn er gerade das Gegenteil behauptet. Opa ist glücklich, weil er den Coolen spielen kann. Sam ist glücklich. Mit Knäuel auf dem Schoß braucht er nichts zu sagen. Knäuel ist glücklich. Er zeigt, dass sich auch ein Mischling pudelwohl fühlen kann. Der Tierpfleger ist glücklich, denn er hat den Eindruck, dass sich vier gefunden haben. Verena und Felix werden glücklich sein, weil Sam glücklich ist.

Die Frau, die Knäuel heute zum letzten Mal als Leihhund bekommen hat, ist wahrscheinlich nicht ganz so glücklich. Dafür wird der schwarze Mischling glücklich sein, wenn er künftig von ihr zu Spaziergängen abgeholt wird.

Nur Martha wäre wohl glücklicher, wenn Knäuel im Tierheim bliebe …

10. Verrückte Tage mit Knäuel

„Klara, weißt du, wo meine Gummistiefel sind?"

„Wozu brauchst du Gummistiefel?"

„Klara", erwidert Opa streng, „du weißt genau, dass ich das Frage-Frage-Spiel nicht mag! Wenn ich dich etwas frage, dann möchte ich eine Antwort – und keine Gegenfrage. Wenn ich die Gummistiefel brauche, dann brauche ich die Gummistiefel. Basta!"

„Warum bist du denn so gereizt?", will Klara wissen.

„Siehst du: deshalb. Schon wieder eine Frage! Ich möchte einfach nur wissen, wo meine Gummistiefel sind." Opa ist echt genervt. „Wir haben Tauwetter. Das Schmelzwasser läuft von den Schneehaufen auf den Gehweg. Wenn es abends gefriert, fallen die Fußgänger hin. Ich mag keine hingefallenen Fußgänger aufheben oder den Krankenwagen rufen. Da mach ich lieber die Schneehaufen weg, und dazu brauche ich die Gummistiefel. Wenn du mir nicht sagst, wo sie sind, stürzt vielleicht unser Nachbar Fred, wenn es gefriert. Willst du das?"

„Sag es doch gleich. Im Flur, auf der Fußmatte hinter dem Vorhang stehen sie", spielt zur Abwechslung mal Oma die Coole.

„Klara, das ist nicht lustig. Wenn sie da wären, wo sie immer sind, würde ich nicht fragen!" Es klingt vorwurfsvoll und fast verzweifelt. Verzweifelt, weil er die Stiefel nicht findet, weil Klara meint, Späße mit ihm treiben zu können, und überhaupt.

„Ulilein, wessen Idee war es, einen Hund anzuschaffen? Damit wieder Leben in die Bude kommt, wie du meintest. Jetzt haben wir Leben in der Bude – und dir ist es auch nicht recht."

„So viel Leben von heute auf morgen, das geht auf keine Kuhhaut", murmelt Opa vor sich hin.

Damals, nachdem Verena, Felix, Sam und Martha ausgezogen waren, hatte Opa vieles im Haus verändert. Er hatte das Schlafzimmer von Verena und Felix zum Arbeitszimmer gemacht, ihr Wohnzimmer in ein Gästezimmer verwandelt und alle Wände neu gestrichen.

Nur eines hatte er so gelassen, wie es war: das Kinderzimmer. „Das muss bleiben, damit Sam und Martha mal bei uns übernachten können", hatte er gesagt. Später beim Baumhausbau war es dann das Bauarbeiterzimmer für Sam gewesen.

Weil sie nur noch zu zweit waren, hatte er die Wohnung so eingerichtet, dass „alles seinen Platz hat", wie er stolz verkündete. Oma vermutete, dass ihm eher langweilig sei und er so langsam einen Ordnungsfimmel entwickle. Irgendwann war er mit der ganzen Streicherei und Umräumerei aber fertig geworden und hatte auf einmal keine Beschäftigung mehr. Es stimmte tatsächlich, wenn er feststellte, dass es im Häuschen sehr ruhig geworden war.

Seit Montagabend ist das anders. Das Häuschen steht Kopf, glaubt Opa. Außer ihm glaubt das niemand. Aber wenn ihm gerade alles zu viel wird, übertreibt er gerne.

Der Aufräumfimmel ihres Mannes hat Klara schon lange gestört. Da tut Knäuel jetzt gerade gut. Sie und Knäuel haben sich gegen Opa verbündet. Also nicht gegen den ganzen Opa, nur gegen seinen Ordnungsfimmel. Und eines muss man Knäuel lassen: Er macht da ganze Arbeit! Seit vier Tagen im Haus hat er es schon geschafft, dass vieles im Leben der Großeltern nicht mehr so ist, wie es war.

Knäuel schläft in einem Körbchen in der Küche. In Wirklichkeit ist es kein Körbchen, sondern ein aus Weidenzweigen geflochtener großer ovaler Korb. Um hinein oder heraus zu kommen, muss Knäuel einen ordentlichen Satz machen. Auf der alten Matratze aus Marthas Kinderbett hat er es sich gemütlich eingerichtet. Die ist nicht nur weich, sie riecht anscheinend auch wunderbar.

Morgens, wenn Opa die Küche betritt, liegt Knäuel noch auf der Matratze im Körbchen. Er bettelt dann nicht, er schaut nur. Er schaut erwartungsvoll. Dabei verdreht er seine drolligen Kulleraugen, steht auf, legt die Schnauze auf den Rand des Körbchens, dass seine Lefzen darüber hängen, wiegt seinen Wuschelkopf mal nach links, mal nach rechts – und wartet einfach ab. Worauf? Darauf, dass Opa sich mit einem Bein auf den Boden kniet und ihm den Kopf streichelt. Als Oma das mitbekam, meinte sie gerührt: „Knäuel sollte man sein." Opa, der sich noch vor ein paar Tagen durch nichts in der Welt vom Frühstück und vom Zeitunglesen hätte abbringen lassen, streichelt Knäuel morgens als Erster und fragt ihn, ob sie Gassi gehen sollen.

Knäuel kann noch nicht so viel „Opa-Deutsch", aber wenn er „Gassi" hört, springt er aus dem Korb wie Kasper aus der Kiste und hopst vergnügt an Opa hoch. Der schnappt die Leine, macht Knäuel fest und geht vor dem Frühstück mit ihm raus. Und sobald er draußen und sicher ist, dass Klara ihn nicht hört, zieht er Knäuel zu sich heran, streichelt ihm den Rücken und nuschelt: „Gut, dass du da bist. Die Bewegung tut mir gut." Später genießen sie zusammen das Frühstück: Opa am Tisch, Knäuel am Napf neben dem Tisch. Bis dahin ist Knäuels Munterkeit willkommen. Aber dann sollte er doch eigentlich eine Weile Ruhe geben.

Von wegen Ruhe. Knäuel ist ein richtiges Energiebündel, das ständig irgendetwas tun muss. Das ganze Haus hat er schon von unten bis oben untersucht. Im Arbeitszimmer schien ihm Opas Staffelei besonders zu gefallen. Die hat er genau untersucht. Es ist das einzige Möbelstück, das auf drei Beinen steht. Wenn Knäuel etwas genau untersucht, schnüffelt er daran. Dann versucht er es mit den Zähnen festzuhalten und daran zu ziehen. Das hinterlässt manchmal Abdrücke seiner Zähne. Hände, um etwas festzuhalten, hat er nun mal nicht. Stuhlbeine, Tischbeine und Kommodenbeine hat er schon untersucht. Das fanden Opa und Oma amüsant. Nur bei der Staffelei war es anders, obwohl Knäuel alles genau gleich machte: Er zerrte an einem Bein. Doch die Staffelei blieb nicht stehen wie die anderen Sachen. Mitsamt dem Bild, das zum Trocknen darauf lag, fiel sie um. „Mach, dass du rauskommst! Das schöne Bild!", schimpfte Opa. So kannte Knäuel ihn gar nicht. Die Farben wurden verwischt, als das Bild an Omas Bügelbrett vorbeisauste. Bild und Bügelbrett waren verschmiert. Doch Ulrich beruhigte sich schnell wieder, nachdem er die Bescherung gesehen hatte. „Er kann ja nichts dafür", musste er zugeben. Klara nahm es mit Humor, dass Knäuel aus dem weißen ein buntes Bügelbrett gemacht hatte.

Knäuel kann auch nichts dafür, dass er es am schönsten findet, in Sams ehemaligem Bett zu liegen. Wie herrlich war es, den Geruch von Sam zu schnuppern! Die Matratze im Körbchen hat ein ganz anderes Aroma als Sams Bett. Aber beide duften wunderbar.

Ulrich und Klara fanden seine Kuschelecke weniger toll, als sie ihn dort entdeckten. „Hunde gehören nicht in Menschenbetten", waren sie einer Meinung. „Du hast dein eigenes Hundebett." Sie scheuchten ihn mit „Husch, ab in *dein* Bett!" hinaus und schlossen die Tür, die sonst immer offenstand.

Wenn er nicht in Sams Bett liegen durfte, dann brauchte Knäuel einen anderen vertrauten Geruch, um gut schlafen zu können. Den Geruch eines Menschen. Opa und Oma waren schon in ihrem Schlafzimmer verschwunden, als Knäuel der Duft von irgendetwas, das nach Opa roch, durch den Türspalt in seine feine Nase stieg. Dem musste er nachgehen. Knäuel schob mit seiner Schnauze die Tür leise auf und tappte in den Flur hinaus. Der Geruch kam von Opas Stiefeln. Er biss in einen und zog ihn bis zu seinem Körbchen. Stiefel waren besser als Stuhlbeine. Die ließen sich schön zusammenknautschen. Er versuchte vergebens, den Stiefel über die Körbchenwand zu hieven. Dann nahm er ihn und zog ihn in den hintersten Winkel unter der Eckbank. Da zwei Stiefel noch mehr duften als einer, machte er es mit dem zweiten genauso. Er legte sich auf den knautschig-weichen Stiefelschaft, schob seine Schnauze in den anderen Stiefel und schlief ein. Er schnarchte ein bisschen und hatte einen Hundetraum.

Doch als er am Morgen hörte, wie Opa die Treppe herunterkam, verließ er sein Lager und sprang schnell wieder in seinen Korb. Wie gewohnt legte er die Schnauze auf den Rand, guckte Opa mit seinen Kulleraugen unschuldig an und wartete auf seine Streicheleinheit. Sie gingen, wie die Tage zuvor, miteinander hinaus und frühstückten zusammen.

Danach wollte Opa die Schneehaufen wegmachen. Dazu hätte er die Stiefel gebraucht, die nicht an ihrem Platz standen. Deshalb war er so genervt.

„Ja, Ulrich, wenn man sich für ein Haustier entscheidet, dann darf man sich nicht beschweren und gereizt sein, dass es die Ordnung im Haus stört. Knäuel soll ruhig unsere langweilige Ordnung etwas durcheinander bringen, das finde ich sogar gut. Ich suche jetzt deine Gummistiefel und wenn ich sie nicht mehr finde, dann kaufen wir eben ein paar neue. Die haben sowieso nicht mehr so gut gerochen ..."

Das hört sich nicht schlecht an, denkt Opa, bis auf das „nicht mehr so gut gerochen".

„Hier sind deine Winterschuhe, die ziehst du jetzt an und gehst die Schneehaufen wegmachen. Ich möchte Fred nicht vom Boden aufhelfen, wenn es gefrieren sollte."

Opa nimmt die Winterschuhe. Fred ist kein Leichtgewicht. Da macht er lieber die gleich Schneehaufen weg. Er zieht die

Schuhe an, holt die Jacke von der Garderobe und ruft in die Küche: „Komm, Knäuel, wir gehen Schnee wegschaufeln! Damit Oma den schweren Fred nicht aufheben muss."

11. Vom Knäuel zum Gräuel

„Wau, wau", bellt Knäuel, ist mit einem Sprung aus dem Körbchen, läuft zur Esszimmertür, schnüffelt ganz unten, wo Luft aus dem Flur hereinzieht, und winselt.

„Psst, Knäuel, Opa schläft!", fordert Oma ihn auf.

Doch Knäuel lässt sich nicht abbringen und winselt weiter. Den Geruch, der unter der Tür hindurchströmt, kennt er. Außerdem hat er das Knarren der Haustür gehört. Oma hört nicht so gut, aber vor allem hat sie keine so feine Nase wie er. Es riecht nach Sam. Mit beiden Vorderpfoten scharrt Knäuel auf dem Boden vor der Tür.

„Hallo Knäuel, wie geht's dir?", ist endlich Sam zu hören. Der Junge beugt sich herab und krault Knäuels Bauch. Sam war fast jeden Tag der Woche da – und jedes Mal schmeißt sich Knäuel auf den Rücken und wartet darauf, gekrault zu werden.

„Übrigens, Sam, ich bin auch noch da", erwähnt Oma und schmunzelt.

„Hallo Oma, soll ich dir auch den Bauch kraulen?"

„Bloß nicht, Bub! Mach das besser bei ihm."

Sie freuen sich miteinander. Oma, weil Sam die ganze Woche schon gute Laune hat wie lange nicht mehr. Sam, weil Knäuel genauso ist, wie er sich einen Hund immer vorgestellt hat. Und Knäuel, dem es bei seinem früheren Besitzer nicht so gut ging, weil er nun endlich geliebt und verstanden wird. *Verstanden zu werden, das ist auch für ihn wie die Luft zum Atmen.*

„Oma, ich kann heute nicht so lange bleiben", erklärt Sam. „Wenn ich mit ihm Gassi war, muss ich gehen. Ich habe noch Fußballtraining."

„Was, bei dem Schneematsch?", schaudert es Oma.

„Nein, bei schlechtem Wetter gehen wir in die Halle", beruhigt sie Sam. „Was ich dich fragen wollte: Morgen ist Samstag. Darf ich am Nachmittag vorbeikommen und über Nacht bleiben? Mama und Papa wären einverstanden. Ich soll das mit euch ausmachen."

„Von mir aus gern. Opa schläft zwar noch, aber wir haben morgen nichts vor. Das freut uns drei, wenn du etwas länger bei uns bist!"

„Spitze, Oma!"

„Und was heute betrifft: Geh du nur zu deinem Fußball-training. Heute Abend geht Knäuel zum ersten Mal mit mir Gassi. Da kann Ulrich machen, was er will. Gell, Knäuel?"

Knäuel versteht noch wenig Oma-Deutsch, aber er merkt es, wenn man mit ihm spricht. Freut er sich über etwas, kommt er schwanzwedelnd angerannt. Wer nett zu ihm ist, darf ihn strei-cheln. Bisher war immer Opa mit ihm draußen. Er behauptete, Knäuel brauche anfangs eine strenge Hand.

„Heute bin ich dran. Da ist jeder Protest überflüssig." Oma sagt das ganz gelassen. Sie kennt ihren Ulrich. Selten schlägt er ihr einen Wunsch ab.

Sam geht im Flur die Leine holen. Knäuel wird schon unge-duldig. Wenn er Sam durch den Spalt unter der Türe hindurch riecht und der Junge dann die Wohnung betritt, dauert es nicht mehr lange, bis er noch einmal in den Flur geht. Da folgt er ihm auf Schritt und Tritt. Im Flur springt er an ihm hoch, bis der Karabiner der Leine „Klick" macht und er und Sam ein Ge-spann sind.

„Knäuel, mach langsam. Ich gehe mit dir Gassi, nicht um-gekehrt!" Das ist es, was Sam ein bisschen, ein ganz kleines bisschen an Knäuel stört. Wenn der sich freut, kann es sein, dass er verrücktspielt. Dann ist er kaum zu bändigen. Und wenn er die Fährte eines „Feindes" erschnüffelt hat, zerrt er so sehr an der Leine, dass Sam ihn mit aller Kraft zurückhalten muss. Seine „Feinde" sind Katzen und alles, was fliegt. Vielleicht möchte er ja nur spielen. Doch die Katzen sind flinker als er. Trotzdem unternimmt er bei jedem Katzengeruch einen neuen Versuch. Die Katzen sind echte Spielverderber, das müsste er inzwischen eigentlich gelernt haben und es gar nicht mehr versuchen. Aber Knäuel hat bei Katzen immer den Spieltrieb – oder Jagdtrieb. Bei den Vögeln ist es anders: Wenn er mit denen spielen möchte, fliegen die einfach davon. Das ärgert ihn, und er kläfft ihnen nach. Immerhin hat er sie dann verscheucht.

Sam will, dass Knäuel ordentlich an der Leine läuft, ohne zu zerren. Er mag nicht immer, wenn der Hund Katzen oder Vögel erschnüffelt, mit ihm schimpfen oder mit der Leine Tauziehen spielen. Nur weiß er nicht, wie er Knäuel das beibringen soll.

Heute geht er ganz normal mit ihm Gassi. Knäuel darf schnuppern und draußen auf der Wiese den Schneebällen, die Sam wirft, hinterherrennen. Knäuel versucht, sie mit der Schnauze zu fangen. Manchmal schafft er es. Ihm gefällt es auch, sich im Schnee zu wälzen oder aus Bächen zu trinken.

„Komm Knäuel, wir müssen zurück!", ruft Sam. Meistens reagiert der Hund, wenn Sam etwas energisch genug sagt. Sam will aber, dass er immer auf seine Anweisungen hört. Sonst muss Knäuel nämlich, wie bei Opa, an der Leine bleiben. Auf dem Rückweg nimmt er sich vor, nach dem Fußballtraining im Internet nach Tipps zu suchen, wie er

Knäuel die wichtigsten Hundebefehle beibringen kann.

Er bringt Knäuel ins Haus und belohnt ihn mit ein paar Leckerli. Dann verabschiedet er sich von den Großeltern: „Bis morgen nach dem Mittagessen."

„Pass auf, dass du dir beim Fußball kein Bein brichst", flachst Opa herum. „Sonst ärgert sich Knäuel morgen ..."

„Tor! Tooor! Mensch Sam, das war eine echte Granate!", ruft Michael begeistert. Er und die anderen Mitspieler stürmen herbei. Sam könnte vor Freude bis an die Hallendecke springen. Er hat das Siegtor im abschließenden Trainingsspiel geschossen. Und was für eines! Vollspann, volley, voll in die rechte obere Ecke. Keine Chance für den Torwart! Wie an der Schnur gezogen. Seine Mitspieler erdrücken ihn beinahe.

Sam ist eigentlich Abwehrspieler, gut am Ball, aber nicht so der Torschütze. Heute hat er voll draufgehalten. Der Ball hätte genauso an die Hallendecke gehen können – und das Gelächter von Sven wäre ihm gewiss gewesen. Sven ist in der E-Jugend wie Sam. Heute aber war es ihm völlig egal, ob Sven sich über ihn lustig machen könnte. Er hat den halbhohen Ball direkt angenommen und ins Tor gezirkelt. Natürlich gehört auch etwas Glück dazu, wenn der Schuss so passt. Die Fußballexperten im Fernsehen sprechen oft vom „Glück des Tüchtigen".

Sven lacht heute nicht. Er ist wütend, denn er gehört zur anderen Mannschaft des Trainingsspiels. Er ärgert sich in Grund und Boden. Seine Mannschaft hat verloren, er hat kein Tor geschossen und das Siegestor war ein „Tor des Monats" – ausgerechnet von Sam. Der wird jetzt von seinen Mitspielern gefeiert und er steht alleine da.

Noch in der Umkleidekabine fängt Sven an, Sam zu provozieren: „Das war ein Zufallstreffer."

Sam zieht ungerührt seine Straßenschuhe an und steckt seine Trainingssachen in den Rucksack.

„Ein Dummentor!", keift Sven.

Sam grinst ihn nur an. Er spielt nicht den Coolen, er ist cool. Svens Gekeife lässt ihn kalt. Sam grinst und zuckt mit den Schultern. Heute kann ihn keiner von Wolke sieben holen. Er steuert in Richtung Tür.

„Geh doch zu Schlitzauge! Gib vor deiner behinderten Schwester an, die keine Ahnung von Fußball hat!"

Spätestens bei einer solchen Anspielung wäre er vor kurzem noch ausgerastet. Jetzt bleibt er an der Türe stehen, dreht sich um und geht seelenruhig zwei Schritte auf Sven zu. Er schaut ihm genau ins Gesicht. „Du bist ein Feigling, ein Schisser!"

Sven steht da wie vom Blitz getroffen und bringt kein Wort heraus.

„Du bist ein Schisser, der nicht verlieren kann. Statt dem Sieger zu gratulieren beleidigst du deine Mitspieler. Und was ich besonders gemein finde: Du beleidigst meine Schwester. Doch die ist besser als du. Die beleidigt niemanden."

Sven steht immer noch stumm da, ganz durcheinander. Wieso ist Sam nicht wie sonst mit hängendem Kopf weggelaufen? Wenn er das tat, fühlte Sven sich immer als Sieger. Diesmal aber hat er sich herumgedreht und ihn als „Schisser" bezeichnet ... Christian, sein Verbündeter, ist nicht mit in der Kabine. Der hat zwei linke Beine beim Fußball. Allein hat Sven viel weniger Mumm.

Und Sam, der vor Selbstvertrauen nur so strotzt, schiebt noch nach: „Lauf mir bloß nicht übern Weg, wenn ich mit meinem Hund draußen bin!"

Sven versteht gar nichts mehr. Seit wann hat Sam einen Hund? Falls er nicht gelogen hat, was für ein Hund soll das sein?

Sam dreht sich um, lässt den völlig verstörten Sven stehen und verlässt die Umkleidekabine. Heute ist er mit sich zufrieden. Er hat das Siegestor geschossen, er hat Sven die Meinung gesagt, und er hat Knäuel.

Den ganzen Heimweg lang denkt Sam nach über das, was geschehen ist. Das Siegestor, dieses Traumtor, wird er sicher nie vergessen. Dass er Martha mit Worten verteidigen kann, die Sven sprachlos zurücklassen, ist für ihn fast unbegreiflich. Obwohl: Verteidiger zu sein, war er vom Fußball her ja gewohnt ... Und die Drohung mit seinem Hund? Sven weiß ja nicht, dass Knäuel vieles kann, aber einen Menschen beißen sicherlich nicht. Mit einem Lächeln im Gesicht öffnet er die Wohnungstür.

Kein „o. n. V." heute. Sam knuddelt Martha, herzt Mama und Papa so doll, dass die sich nur verwundert anschauen. Es sprudelt beim Abendessen geradezu aus ihm heraus, was alles geschehen ist.

Später setzt er sich an den Computer und gibt in das Suchfeld ein: „Hundeerziehung", „Fuß!", „Sitz!", „Platz!", „Bleib!" und „Komm!". Diese Kommandos möchte er in den nächsten Wochen mit Knäuel üben. Er nimmt sich vor, morgen Nachmittag damit zu beginnen.

Nach dem Zähneputzen wünscht er Martha eine besonders gute Nacht und geht nicht, wie üblich, ins Bett, sondern noch einmal hinunter ins Wohnzimmer.

„Mama, können wir morgen früh in die Bücherei gehen?"

„Was willst du in der Bücherei?", fragt Mama erstaunt.

„Ich möchte ein Hundebuch holen."

Mama weiß immer noch nicht Bescheid: „Du meinst ein Hundeerziehungsbuch, oder?"

„Nein, kein Hundeerziehungsbuch. Das finde ich alles im Internet. Ein Buch mit Hundegeschichten zum Vorlesen für Kinder im Vorschulalter."

Jetzt versteht auch Mama. „Und wer liest Martha aus dem Hundegeschichtenbuch vor?" Sie hätte sich die Frage sparen können, will es aber aus Samuels Mund hören.

„Ich", sagt Sam.

Mama ist gerührt. „Gleich nach dem Frühstück gehen wir. Davor solltest du aber etwas geschlafen haben."

Sam versteht diesen Wink mit dem Zaunpfahl. Zu Bett! Im Bad war er ja schon. Doch mit dem Einschlafen dauert es ein bisschen. Wolke sieben will gar nicht enden ...

„Na Sam, die Beine scheinen ja noch in Ordnung zu sein", begrüßt ihn Opa am Samstagnachmittag. „Was hast du vor?"

„Darf ich gleich mit Knäuel rausgehen? Ich möchte mit ihm Kommandos üben."

„Hmm, was für Kommandos denn?"

„,Fuß!', ‚Sitz!', ‚Platz!', ‚Bleib!' und ‚Komm!'. Ich habe sogar extra Leckerli mitgebracht."

Das findet Opa spitze. „Dann wünsche ich dir viel Erfolg. Das wird Knäuel guttun – und mir und Oma auch."

Mit „Sitz!" will Sam anfangen. Knäuel muss sich zuerst beruhigen und sitzen, bevor er ihn mit der Leine belohnen kann. Die Leine ist für Knäuel das Zeichen, dass er das tun darf, was er am meisten möchte: rausgehen. Sam glaubt, dass Knäuel weiß, was „Sitz!" bedeutet, aber aus lauter Übermut immer wieder aufspringt. Er kann Knäuel verstehen. Trotzdem muss er ihm beibringen, dass Hunde zu gehorchen haben. Also nicht immer, aber fast immer.

„Sitz!", befiehlt Sam.

Knäuel sitzt. Sam holt die Leine. Knäuel springt vor Freude auf. Sam hängt die Leine zurück an den Haken. „Sitz!", befiehlt er noch einmal in aller Ruhe. Knäuel sitzt. So geht das ein paar Mal, bis Knäuel kapiert. Er bleibt sitzen, bis der Karabiner der Leine an seinem Halsband „Klick" macht. Nun gibt's ein Leckerli, ein paar Streicheleinheiten und eine verständnisvolle Erklärung: „Tja, Knäuel, wenn ich schulfrei habe, ist für dich ab jetzt die Hundeschule angesagt."

Die Leckerli scheinen Knäuel die Hundeschule ausreichend zu versüßen. Sam hat nicht das Gefühl, dass Knäuel ungern lernt. Er nimmt ihn an der Leine mit und überlegt, was als Nächstes kommen müsste. „Fuß!", wäre gut – vor allem, wenn sie Katzen begegnen. Sie laufen auf einem Feldweg. Jetzt will Sam nur noch „Fuß!" üben. Sonst wird Knäuel zu verwirrt. Das klappt erstaunlich gut. Sam lässt die Leine länger, so dass sie nur lose hängt und befiehlt: „Fuß!". Immer wenn Knäuel etwas weiter weglaufen möchte und die Leine sich spannt, wiederholt er die Aufforderung. Kommt Knäuel dann näher, wird er mit

einem Leckerli belohnt. Klappt es nicht, zieht Sam ihn an der
Leine zu sich, schaut ihn ernst an und sagt: „Fuß, Knäuel, Fuß!"
Ohne Leckerli.

Knäuel versteht schnell. Die Hundeschule macht beiden Spaß.

Nach einer Weile hat Sam eine Idee. Schnurstracks führt
er Knäuel zu seinem Haus. Er öffnet die Tür nicht, sondern
klingelt.

„Hallo, wer ist da?", fragt Mamas Stimme aus dem Türlautsprecher.

„Mama, wir sind es."

„Ich denke, du bist bei Opa und Oma?"

„Ja, schon. Ich bin mit Knäuel unterwegs und hatte eine Idee.
Bitte mach mal das Küchenfenster auf und lass Martha raus-
schauen."

„Ich weiß nicht, ob das eine gute Idee ist, Samuel."

„Martha hat doch nur Angst, wenn Hunde auf sie zuspringen.
Ich finde, dass sie Knäuel mal sehen sollte – von weitem."

„Okay, dann geht vors Küchenfenster."

Mama öffnet das Küchenfenster, dreht sich zu Martha um, die
auf ihrem Stuhl sitzt und sagt lächelnd: „Schau mal, Martha!
Wir haben Besuch."

„Wer ist da?", fragt Martha.

„Samuel steht draußen. Er hat noch jemanden mitgebracht."
Das will Martha natürlich genauer wissen. Sie lässt sich langsam
vom Stuhl herunter und geht zum Fenster. „Hallo Sam!"

„Martha, schau mal, wen ich an der Leine habe." Sam ist
gespannt.

„Was ist das?" ruft Martha unbefangen. Die Bedenken ihrer
Mutter waren unbegründet. Martha spürt genau, dass sie hinter
einer Mauer steht, die sie schützt. Niemand kann ihr zu nahe
kommen. Martha weiß schon, dass es ein Hund ist. Aber ihr

fehlen noch die Worte, um sich genauer auszudrücken.

„Das ist Knäuel."

Vom Küchenfenster aus findet Martha Knäuel witzig. Sie schaut neugierig und trotzdem etwas unsicher.

„Das ist ein ganz lieber Hund. Er gehört Opa, Oma und mir. Und er heißt Knäuel."

Martha versteht. Es ist ein Hund von Opa, Oma und Sam.

„Sag mal: Hallo Knäuel!'", fordert Sam sie auf.

„Hallo Gräuel", ruft Martha zaghaft. Mama, die hinter ihr steht, verbeißt sich das Lachen.

Sam und Mama schauen sich an und amüsieren sich – aber nur innerlich. Wenn Martha etwas falsch sagt, darf man nicht lachen. Das würde Martha beleidigen. Mit bestimmten Buchstabenfolgen hat sie nun mal Schwierigkeiten. Die muss sie üben, deshalb geht sie ja zur Logopädin. Aber dass sie aus Knäuel ein „Gräuel" macht, das hat Knäuel nicht verdient.

Gräuel kommt von grausen. Grausen vor Knäuel sollte es höchstens Sven!

Mama, Sam und die Logopädin haben nun eine gemeinsame Aufgabe. Und Mama hat schon eine Idee: Sie holt den Fotoapparat und macht ein paar Bilder von Knäuel.

Sam findet das prima. Er wird aus dem Hundegeschichtenbuch vorlesen, Mama wird Martha die Fotos zeigen, und alle zusammen werden sie mit ihr Knäuels Namen üben. Allerdings weiß er nicht, wie es sein wird, wenn mal keine schützende Mauer mehr zwischen seiner Schwester und Knäuel steht.

Doch für heute ist Sam selig. Der erste Versuch ist gelungen.

Nur Knäuel wirkt etwas verunsichert. Er schnüffelt und schnüffelt vor dem Fenster, aber nicht, wie sonst, am Boden. Er hält die Schnauze hoch. Der Geruch, der da aus dem Fenster strömt, scheint ihm bekannt vorzukommen – obwohl er noch nie hier war.

12. Knäuel ist verliebt

Sams Klasse ist beeindruckt. Also nicht die ganze Klasse, aber fast alle sind beeindruckt. Im Stuhlkreis wird Sam zur Hauptperson. Die Mädchen – also nicht nur, aber hauptsächlich die Mädchen aus seiner Klasse – wollen alles über Knäuel erfahren. Sie sind geradezu verzückt. Die Jungs – also nicht nur, aber hauptsächlich die Jungs – wollen alles zum Tor des Monats wissen. Sven und Christian sitzen stumm und übellaunig dabei wie Trauerklöße. Als die zwei bemerken, wie viele Mädchen Sam und Knäuel bei der Hundeschule begleiten wollen, verschlechtert sich ihre Laune noch mehr. Sie scheinen die Einzigen zu sein, die sich nicht freuen können. Sie könnten es vielleicht auch, aber sie wollen es nicht.

Der Lehrerin bleibt das alles nicht verborgen. Sie merkt natürlich, wie groß das Interesse der Klasse an Knäuel ist. Sie spürt aber auch, dass sich Sven und Christian als Außenseiter fühlen. „Sam, wie wäre es, wenn du Knäuel mal in die Schule mitbringen würdest?", fragt sie.

Während Sam überlegt, was Opa und Oma wohl dazu meinen, wird er von den Mädchen regelrecht überrumpelt. „Ja, bring Knäuel mit!", tönt es aus allen Ecken. Also genau genommen: von überall her. Der Stuhlkreis hat ja keine Ecken.

„Okay, ich frage Oma und Opa. Aber ich möchte zuerst noch eine Weile die Hundeschule weitermachen. Ich übe mit ihm die Kommandos, damit wir uns auf Knäuel verlassen können", beantwortet Sam den Wunsch der Klasse und fügt noch verschmitzt an: „Wenn er in die Schule kommt, soll er sich auch so benehmen, wie es sich in der Schule gehört."

Sofort betteln nicht nur die Mädchen: „Darf ich mal zur Hundeschule mit?"

„Ja, ein oder zwei kann ich schon mitnehmen. Wer wann Zeit hat, besprechen wir dann."

Jetzt sind alle zufrieden – außer Sven, Christian und … der Lehrerin.

„Sam, würdest du auch Sven und Christian mal mitnehmen?"

Diese Frage hat niemand erwartet – am wenigsten Sven und Christian.

„Hmm", grübelt Sam, „wenn sie es wollen, warum nicht?"

Seine zwei Erzfeinde sind regelrecht verdattert! Hat Sam wirklich „Warum nicht?" gesagt? Natürlich hätten sie Lust, Knäuel kennenzulernen. Aber das jetzt, vor allen anderen zuzugeben, das ist doch etwas viel verlangt. „Mal sehen", antworten beide fast gleichzeitig. Sie tun so, als müssten sie noch gründlich darüber nachdenken. Tatsächlich hat Sven etwas Bammel. Hoffentlich beißt dieser Hund Sams ehemalige Feinde nicht, schießt es ihm durch den Kopf. Der Streit nach dem Fußballtraining ist ihm noch gut in Erinnerung. Auf keinen Fall aber will er als feiger „Schisser" dastehen …

Die Wochen vergehen. Das Frühjahr kündigt sich an.

Sam geht gern zur Schule. Immer, wenn sein Stundenplan und seine Hausaufgaben es zulassen, ist er mit Knäuel unterwegs. Meistens sind sie nicht nur zu zweit. Seine ganze Klasse macht mit ihm und Knäuel Hundeschule. Natürlich sind nie mehr als zwei andere Kinder zugleich dabei. Mehr Menschen würden Knäuel durcheinanderbringen. Er soll sich ja konzentrieren. Schließlich soll er sich ordentlich benehmen können, wenn's drauf ankommt. Bis zu seinem Schulbesuch dauert es nicht mehr lange. Dann soll er die Kommandos „Sitz!", „Fuß!", „Komm!", „Bleib!" und vielleicht noch „Platz!" befolgen.

„Platz!" erscheint Sam nicht so wichtig. Es würde ihm reichen, wenn Knäuel zuverlässig auf „Sitz!" reagieren würde. Üben sie allein miteinander, laufen sie fast immer zu Sam nach Hause. Man sieht Knäuel an, dass er sich freut, wenn Sam ihm ankündigt, nun Martha zu besuchen. Er wedelt dann mit dem Schwanz.

Sam hat mit Mama auch vereinbart, dass sie Martha an die Sprechanlage schickt, wenn er klingelt. „Wer ist da?", fragt Martha dann jedes Mal. „Knäuel ist da", gibt ihr Sam zur Antwort. „Ich mach das Fenster auf", kündigt Martha an und strahlt vor sich hin. Darüber sind beide Besucher froh. Sam, weil sich Martha auf Knäuel freut. Und Knäuel, weil er nun weiß, woher der betörende Duft stammt. Wenn Martha ans Fenster kommt, zieht ihm ein Hauch von Wohlbefinden in die Nase, genau wie in seinem Körbchen. Er schläft, träumt und wacht damit auf.

Nach einiger Zeit freut sich Sam noch mehr. Flüstern Mama oder er Martha ins Ohr, sie solle doch mal „Knäuel" sagen, dann erinnert sie sich an ihre Übungen und ruft laut: „Hallo Knäuel!"

Sam ist begeistert: Vom „Gräuel" zum Knäuel in zwei Wochen!

Vorm Haus führen sie immer die Fortschritte vor, die Knäuel in der Hundeschule gemacht hat. Martha ist entzückt. Sie wirft dann Leckerli aus dem Fenster und lobt ihn: „Gut, Knäuel." Unbemerkt von Sams Blicken notiert Mama die Kommandos, die der Hund schon gelernt hat.

Für Sam und seine Eltern gibt es nur noch eine Frage: Was würde passieren, wenn Knäuel plötzlich im Haus Martha gegenüberstünde?

Sie trauen sich nicht, es auszuprobieren. Wenn es beim ersten Mal nicht klappt, dann klappt es nie mehr, denken sie. Martha ist zufrieden, so wie es jetzt läuft. Das wollen sie nicht aufs Spiel setzen. Martha müsste selbst wollen, dass Knäuel zu ihr kommt. Oder noch besser: Sie müsste sagen, dass sie zu Knäuel gehen will.

„Samuel, hast du Zeit für ein Männergespräch?"

Sam staunt. Papa fragt ihn, ob er Zeit hat? Woher weiß Papa von den Männergesprächen mit Opa? Noch nie hat er davon gesprochen. Das muss etwas Wichtiges sein. „Klar doch", antwortet Sam. „Jetzt gleich?"

„Wäre gut."

„Wo?"

„In deinem Zimmer."

Für das Vereinbaren eines Männergesprächs braucht es nicht viele Worte. Sie verziehen sich in Sams Zimmer. Sam macht es sich im Schneidersitz auf dem Bett bequem. Papa bevorzugt den Schreibtischstuhl.

„Samuel, ich bin nicht so gut im Flunkern wie Opa. Ich möchte dir etwas vorschlagen und du sagst mir, was du davon hältst. Wenn du einverstanden bist, machen wir es so. Mama kennt meinen Vorschlag schon."

Sam ist gespannt wie ein Flitzebogen: „Schieß endlich los!"

„Knäuel ist schon vier Wochen bei uns. Also, genauer gesagt, ist er seit vier Wochen bei Opa, Oma und dir. Mama und ich finden es klasse, wie ihr drei das macht. Am schönsten finden wir, wie du versuchst, Martha an Knäuel zu gewöhnen. Martha hat an ihm einen Narren gefressen, obwohl sie ihn nur vom Küchenfenster aus erlebt. Wenn ich von der Arbeit komme und sehe, dass du Martha aus dem Hundebuch vorliest, dann bin ich echt stolz auf dich! Und auf Martha natürlich auch. Sie versteht nicht jedes Wort. Aber sie fühlt die Geschichten, die du ihr vorliest." Nach so viel Lob auf einmal muss Papa eine Denkpause einlegen.

Sam ist gerührt. Papa hat „bei uns" gesagt. Das hätte er an Weihnachten nicht zu träumen gewagt.

„Nächste Woche", findet Papa seinen Faden wieder, „hat Oma Geburtstag. Mama und ich wären zu einem Versuch bereit, um Knäuel und Martha zusammenzubringen. Ich weiß, es wäre der größte Wunsch von Oma, dass Martha ihre Scheu ablegt. Sie denkt sogar, dass es deiner Schwester guttun würde, wenn sie zu Knäuel richtigen Kontakt bekäme. Mama und ich, wir sind uns aber nicht ganz sicher, ob das wirklich klappen kann. Wenn du mit dem Plan einverstanden wärst, würden wir es riskieren."

Sam verschlägt es die Sprache. Wenn er einverstanden wäre, würden seine Eltern es riskieren ...

Papa schweigt. Nun ist Sam dran.

„Wie schaut der Plan aus? Ich bin bereit."

Auf diesen Startschuss hat Papa gewartet. „Hör zu: Übermorgen, am Samstag, begleite ich dich bei der Hundeschule. Du zeigst mir – nein, ihr zeigt mir", verbessert er sich, „welche Kommandos Knäuel schon befolgt. Ihr müsst mich überzeugen, dass Knäuel wirklich das tut, was du von ihm verlangst. Wenn ich sicher bin, dass es klappt, werden wir versuchen, Oma und Martha gleichermaßen zu überraschen."

Wieder ist Zeit für eine Denkpause. Wenn es klappt, dann ..., grübeln beide. Ob es klappt, liegt an Knäuel und an mir, hat Sam verstanden, und er wird noch nachdenklicher. Was hatte Papa gesagt? Wenn er, Sam, mit dem Plan einverstanden wäre, würden sie es riskieren. Alles hängt also an ihm. Er ist inzwischen zum „Alpha-Tier" für Knäuel geworden. Knäuel akzeptiert ihn als seinen Chef. Wenn einer es schaffen kann, dass Knäuel Martha nicht anspringt, dann er. Papa und Mama haben so viel Vertrauen zu ihm. Sam entschließt sich, alles zu tun, um seine Eltern nicht zu enttäuschen.

„Samstag um zwei. Hast du da Zeit?", gibt sich Sam sehr erwachsen.

„Ja, ich denke schon. Dann könnt ihr mir zeigen, wie ‚Sitz!', ‚Komm!', ‚Bleib!' und ‚Fuß!' gehen." Er sagt's und ärgert sich, dass es ihm so herausgerutscht ist. „Siehst du, Samuel, deshalb tauge ich nicht für Flunkergeschichten. Diese Kommandos habe ich auf einem Zettel von Mama gesehen. Sie hat gemeint, dass sie die Wörter mit Martha üben muss. Erst das hat mich auf den Plan gebracht." Er schüttelt den Kopf. „Ich kann keine Geheimnisse ..."

„Das macht nichts", tröstet ihn Sam. „Dann stolperst du auch nicht drüber." Das ist der Lieblingsspruch von Oma, wenn Opa sich mal wieder selbst ausgetrickst hat. „Samstag um zwei stehe ich mit Knäuel vor dem Haus. Abgemacht?"

„Abgemacht!"

Da geht die Tür auf. „Möchte jemand noch einen Rest Kakao vor dem Zähneputzen?" Mama ist manchmal unmöglich. Papa schaut auf die Uhr. „Mensch, Samuel, da haben wir unser Männergespräch aber ordentlich überzogen! Den Rest besprechen wir nach eurer Vorstellung am Samstag. Äh, Vorführung wollte ich sagen."

Nun weiß Sam, was er und Knäuel morgen Nachmittag vor dem Fußballtraining zu tun haben. Auf „Sitz!", „Fuß!" und „Komm!" reagiert Knäuel perfekt. Aber das „Bleib!" ist wichtig.

Nur wenn Knäuel auch dieses Kommando befolgt, wird der Versuch mit Martha klappen. Das werden sie also morgen noch einmal üben. Knäuel kann das – eigentlich. Wenn sie alleine sind ...

„Verena, hast du alles? Du weißt, Oma ist an ihrem Geburtstag nervös. Wir sollten pünktlich da sein", ruft Papa. Wenn sie Geburtstag hat, meint Oma beweisen zu müssen, dass sie immer noch fit ist. Trotz ihres Alters und der vielen Gäste, die sie schön über den Tag verteilt. Verena, Felix, Sam und Martha kommen normalerweise zuletzt. Felix kann sich ohnehin nicht den ganzen Tag freinehmen.

Punkt 16 Uhr fahren sie bei Oma vor. Auf 16 Uhr hat sie Kaffee, Kuchen und Kinderpunsch gerichtet. „Das ist aber schön, dass ihr kommt", freut sich Oma. Umarmungen und natürlich Glückwünsche folgen. Wie jedes Mal stellt Oma fest: „Martha, du bist ja groß geworden!"

Sam wundert sich, dass Martha in den zwei Wochen, seit Oma und Opa bei ihnen waren, so viel größer geworden sein soll.

Oma bittet die Gäste, sich zu setzen.

„Ich geh nur kurz Knäuel begrüßen", sagt Sam und ist schon auf dem Weg zum Arbeitszimmer.

„Da kannst du den Kuchen mitbringen. Der steht auf dem kleinen Tischchen", ruft Oma hinterher. Einen Kuchen hat sie nur für ihre Familie reserviert. Das ist ein besonderer Kuchen: Das letzte Glas Kirschkompott hebt sie sich immer für ihren Geburtstag auf. Das kommt, zusammen mit Streuseln, oben auf den Kuchen. Himmlisch! Diesen Kuchen sollen die Gäste, die vorher da sind, nicht sehen.

Für die Zeit, in der Martha zu Besuch ist, hat Oma Knäuels Körbchen ins Arbeitszimmer verfrachtet. Doch Knäuel hat seinen Schlafplatz längst verlassen und steht schon ungeduldig hinter der Tür, als Sam diese öffnet. „Sitz!", ruft Sam ihm zu. Und Knäuel sitzt. „Komm!" Knäuel kommt. „Sitz!" Wieder sitzt Knäuel und wartet. Jetzt wird es spannend. „Bleib!" Knäuel bleibt. Sam geht zwei große Schritte zurück. „Bleib!" Knäuel bleibt dort, wo er sitzt. Sam geht in die andere Ecke des Zimmers. Knäuel sitzt immer noch da. „Komm!" Knäuel kommt. Zufrieden gibt ihm Sam ein paar Leckerli, streichelt ihm über den Kopf und flüstert ihm ins Ohr: „Bald geht's los. Enttäusch mich nicht!"

Sam nimmt, in Gedanken schon ganz bei der geplanten Vorstellung, den Kuchen, schließt die Tür zum Arbeitszimmer, geht ins Wohnzimmer zurück und stellt dort den Kuchen auf den Tisch.

„Was ist denn das?", Oma steht der Schrecken im Gesicht. „Wo ist das Kirschkompott mit den Streuseln? Sam, warst du das?"

Sam erschrickt. „Nein, Oma, bestimmt nicht!"

„Ich hatte mir solche Mühe gegeben mit dem Geburtstagskuchen. Und jetzt …"

Stille. Alle starren den nackten Kuchen an. Keiner weiß, wo das Kirschkompott mit den Streuseln abgeblieben ist.

Sam findet zuerst seine Stimme wieder. Er hat einen Verdacht: „Oma, kann es sein, dass der Kuchen schon im Arbeitszimmer stand, als du Knäuel mit seinem Körbchen dorthin verbannt hast? Und dass Knäuel den Kuchen auf dem Tischchen als Wiedergutmachung dafür angesehen hat?"

Oma hat alle Mühe, nicht rot zu werden. Sie soll auch noch an der Katastrophe schuld sein? „Das ist noch kein Grund, das Beste vom Kuchen zu fressen", seufzt sie. „Was sollen wir nun essen?"

Opa weiß Rat: „Wir essen den Rest der zwei Kuchen, die du für die anderen Gäste gemacht hast. So schlecht waren die auch nicht …" Dabei schaut er schmunzelnd in die Runde.

Alle amüsieren sich darüber, dass sich Knäuel seine „Belohnung" selbst geholt hat, und stellen sich vor, wie genüsslich er das letzte Kirschkompott und die Streusel vom Kuchen heruntergeleckt haben muss … Oma gewinnt langsam ihre Fassung wieder.

Sam kommen die Geburtstags-Gespräche heute endlos vor. Gleich nachdem die Teller und Tassen leer sind, erinnert er Papa an Omas Geburtstagsgeschenk.

„Du hast recht", sagt Papa. „Klara, wir haben noch ein Geschenk für dich."

„Das wäre doch nicht nötig gewesen, Felix." Oma sucht mit den Augen das Zimmer ab. Sie ist sich sicher: Niemand hatte ein Päckchen dabei.

Felix, der ihre Gedanken lesen kann, lacht. „Es ist nichts zum Auspacken. Ihr drei Großen wartet im Wohnzimmer. Samuel, Martha und ich müssen draußen schnell etwas vorbereiten. In genau fünf Minuten kommt ihr heraus."

Sam nimmt seine Schwester an der Hand. „Komm, Martha." Sie verlassen das Zimmer durch die Hintertür. Papa geht zur vorderen Tür, am Arbeitszimmer vorbei, hinaus. Oma und Opa schauen sich überrascht an. Mama tut nur erstaunt. Sie alle lassen die Wohnzimmeruhr nicht mehr aus den Augen. Sie zählen zuerst die Minuten und zum Schluss die Sekunden.

Dann hält sie nichts mehr auf ihren Stühlen.

Oma ist als Erste draußen, gefolgt von Opa. Sie sehen Sam und Martha auf dem Baumhaus sitzen und Felix mit Knäuel an der Leine am Ende des Grundstücks. Was aber ist nun das Geschenk?

In diesem Moment steht Sam im Baumhaus auf. Er hält einen kleinen Holzknüppel in der Hand, der als Mikrofon dienen soll. „Herausspaziert, herausspaziert, liebes Publikum.

Willkommen zur Nachmittagsvorstellung des Hundezirkus Picobello. Wir freuen uns, Sie begrüßen zu können. Sogar ein Geburtstagskind ist unter uns. Seien Sie uns besonders willkommen, gnädige Frau! Wir, also unser Tierpfleger Felix, meine reizende Hundetrainerin Martha und ich, wünschen Ihnen viel Vergnügen! Ach so, fast hätte ich's vergessen: Bitte Applaus für den weltbesten Zirkushund: Knäuel."

Tosender Beifall von allen drei Personen!

Sam spielt so überzeugend den Hundezirkusdirektor, dass niemand merkt, wie aufgeregt er ist. Auweia, wenn das schiefgeht, dann ist's aus mit dem Applaus, geht ihm durch den Sinn. Und Martha, die reizende Hundetrainerin, weiß noch gar nichts von ihrem Auftritt … „Werte Gäste, die Vorstellung beginnt!" Sam zieht Martha zu sich und flüstert ihr ins Ohr: „Ruf ganz laut: ‚Knäuel, sitz'!"

Martha strahlt. Sie geht zum Geländer des Baumhauses und befiehlt: „Knäuel, sitz!"

Alle schauen gespannt zu Knäuel. Opa, weil „Sitz!" bei ihm nicht immer klappt. Sam, weil er weiß, dass Knäuel eigentlich Befehle nur vom „Alpha-Tier" befolgen sollte. Papa und Mama, weil sie wissen, dass die Vorstellung abgesagt werden muss, sollte der erste Befehl nicht funktionieren. Oma, weil sie enttäuscht wäre, wenn es nicht klappt, weil ihre Gäste sich so viel Mühe mit dem Geschenk gegeben haben. Sechs Augenpaare sind auf Knäuel gerichtet.

Und was macht der? Knäuel sitzt, als ob Sam es befohlen hätte. Mit dem rauschenden Beifall kann er nicht viel anfangen. Er ist zum ersten Mal bei einer Vorstellung dabei. Dafür schmeckt das Leckerli von Tierpfleger Felix umso besser.

„Okay, das hat er gut gemacht. Aber das war erst der Anfang." Sam legt sein Mikrofon weg, nimmt zwei längere Knüppel und setzt einen Trommelwirbel am Geländer an. Der spannendste Moment steht bevor.

„Felix", ruft er, denn seinen Papa darf er in der Vorstellung so nennen, „nimm ihm die Leine ab!"

Vielleicht war es Zufall, dass Knäuel Marthas Befehl ausgeführt hat. Er war ja an der Leine. Jetzt erst wird es richtig spannend. Abbruch oder Applaus? Felix löst den Karabiner. Knäuel sitzt immer noch.

Sam beugt sich wieder herunter. „Martha, ruf ganz laut: ‚Knäuel, bleib'!"

Martha dreht sich um und befiehlt: „Knäuel, bleib!"

Und von Hundezirkusdirektor Sam ist zu hören: „Felix, komm bitte hierher."

Jetzt entscheidet sich, ob Knäuel auf sie zustürzt oder ob er Marthas Anweisung befolgt. Papa geht langsam in Richtung Baumhaus. Er traut sich nicht, nach hinten zu schauen. Wenigstens haben sie eine Sicherheit eingebaut: Wenn Knäuel

jetzt nicht gehorcht, ist Martha außer Reichweite – auf dem
Baumhaus. Dort angekommen, dreht er sich rasch um. Knäuel
sitzt wie angewachsen da, wo er vorher saß.

Die Zuschauer kommen aus dem Staunen gar nicht heraus,
sodass Sam über sein Mikrofon um Applaus bitten muss für das
große Kunststück des weltbesten Zirkushundes.
    „Werte Zuschauer, dachten Sie, das wäre schon alles? Da
haben Sie sich getäuscht. Auch beim Hundezirkus Picobello
kommt das Beste zum Schluss." Zu Papa gewandt fährt er fort:
„Felix, hilf bitte unserer reizenden Hundetrainerin Martha die
Leiter hinunter."
    Der Tierpfleger tut, was ihm sein Direktor sagt.
    Dann steigt der Direktor selbst herunter, zur Sicherheit.
„Martha, bring diese Leckerli zu Knäuel. Er hat sie verdient",
fordert Sam seine Schwester nun für alle hörbar auf.
    Martha nimmt die Leckerli und läuft auf Knäuel zu. Es
knistert vor Spannung. Bei allen, nur nicht bei Martha. Sie freut
sich auf Knäuel, der sich keinen Zentimeter von seinem Platz
wegbewegt. Ungläubiges Staunen im Publikum. Wenn sie das,
was jetzt kommt, noch schafft, dann haben sie gewonnen. Noch
nie hat sie Knäuel Leckerli direkt gegeben. Nur zugeworfen.
    Jetzt macht sie es so, wie sie es bei Sam gesehen hat. Sie stellt
sich vor Knäuel hin, legt ein Leckerli nach dem anderen auf
ihre Hand und lässt Knäuel diese vorsichtig mit der Schnauze
wegnaschen. Ihr Strahlen kennt keine Grenzen.
    Auch der Direktor ist außer sich vor Freude. Er läuft auf
Martha zu, verneigt sich vor der Künstlerin und flüstert:
„Martha, sag: ‚Knäuel, bleib'!"
    Martha gefällt das Spiel. „Knäuel, bleib!"
    Knäuel bleibt sitzen. Sam und Martha gehen zum Baumhaus
zurück und drehen sich um. Knäuel sitzt und kaut noch auf
dem letzten Leckerli herum!

Noch einmal beugt sich Sam zu Martha: „Sag: ‚Knäuel, komm‘!"
Und Knäuel trabt auf Marthas Kommando hin zum
Baumhaus. Gerade will Sam „Sitz!" rufen, nur als Vorsichts-
maßnahme, da kommt ihm seine reizende Hundetrainerin
zuvor: „Knäuel, sitz!" hört er ihre Stimme. Und der weltbeste
Zirkushund sitzt! Ist ja klar, sonst wäre er nicht der weltbeste
Zirkushund, denkt der Direktor erschöpft und glücklich zu-
gleich.

„Der Tierpfleger bekommt nun aber auch ein Leckerli", meint
Mama, macht zwei schnelle Schritte auf Papa zu und gibt ihm
einen Kuss.

Oma ist selig und völlig aus dem Häuschen. Was für ein großartiges Geschenk! Zuerst umarmt sie Sam. Er hat sich das alles
ausgedacht, vermutet sie. Dann knuddelt sie die reizende Hundetrainerin. Nun sind sie zu fünft. Vielleicht ist das Geschenk
für Martha noch wertvoller als für mich, denkt Oma im Stillen.
Martha hat nun einen Freund auf vier Pfoten.

Dankbar umarmt sie auch Felix und Verena. Dann will sie
Opa herzen und sieht, dass der ziemlich grumsig dasteht.

„Was ist, Ulrich? Hat‘s dir nicht gefallen?"

„Schon. Aber dass Knäuel Martha besser folgt als mir, wo ich
doch die Idee hatte ..."

Oma weiß, wann ihr Ulrich grumsig spielt und wann er
grumsig ist. Heute, das spürt sie, ist er glücklich-grumsig. „Du
armes Ulilein, du tust mir ja so leid!", tröstet sie ihn. Und zu
den anderen sagt sie: „Kommt ihr mit rein? Ich habe noch ein
kleines Abendessen vorbereitet."

Sam nimmt noch einmal sein Mikrofon: „Liebes Publikum,
unser Programm ist nun zu Ende. Ich hoffe, die Vorstellung hat
Spaß gemacht!" Riesiger Schlussapplaus.

Martha wird es langsam zu viel. „Knäuel, komm!", ruft sie.

Die beiden gehen ins Haus und der Rest folgt ihnen, ungläubig die Köpfe schüttelnd.

Drinnen holt Papa Knäuels Körbchen wieder in das Esszimmer zurück. Knäuel macht einen Satz, legt sich hin und ist zufrieden. Das duftet ... Vielleicht ist er verliebt. Verliebte Hunde hören nicht nur auf das „Alpha-Tier".

Knäuel muss verliebt sein.

13. Martha verzaubert

Sam schlendert zur Schule. Es ist Montag. Die Tage werden länger. Erste Sonnenstrahlen tauchen seinen Schulweg in Frühlingsfarben. Sam atmet die klare Morgenluft tief ein. Er spürt, dass ein Tag erwacht, dem er vor ein paar Wochen noch mit gemischten Gefühlen entgegensah. Er hat es nicht eilig. Er ist rechtzeitig losgegangen und hat den Schulweg nicht – wie früher – so lange wie möglich hinausgezögert. Er freut sich auf den Stuhlkreis, seine Mitschüler, die Schule überhaupt.

Trotzdem fühlt sich seine Freude heute anders an als sonst. Irgendwie bremst sie ihn. Denn sein Kopf und sein Herz haben die Geburtstagsvorstellung bei Oma noch nicht ganz verarbeitet. Er könnte die ganze Welt umarmen und möchte es doch keinem zeigen. Das war kein Erlebnis, das einen schnell zur Schule rennen lässt, um es allen mitzuteilen. Das war kein Tor des Monats, das er geschossen hatte. Kein neues Fahrrad, kein Besuch im Europapark. Das wären alles tolle Sachen, von denen er wie ein Wasserfall hätte erzählen können. Doch was er bei Omas Geburtstag erlebt hat, war mehr als all das zusammen. So viel, dass er nicht weiß, ob er anderen von seinem Glück etwas abgeben soll. Vielleicht wird es dadurch kleiner? Soll er es im Herzen einschließen und so für immer aufbewahren? Soll er sein Glück ganz für sich allein behalten?

Sam grübelt über seine Freude nach. Das ist etwas ganz Neues. Bisher hat er nur gegrübelt, wenn ihm eine Laus über die Leber gelaufen war. Es ist nicht Knäuel, worüber er sich freut – also schon, aber nicht nur. Davon hätte er im Stuhlkreis begeistert erzählen können. Es ist Martha, die ihn so mit Stolz erfüllt hat.

Und es kommt noch etwas hinzu: Das, was er bei der Vorstellung von Martha gefühlt hat, kann er mit Worten gar nicht beschreiben. Und wenn *er* nicht weiß, wie er sein Gefühl beschreiben soll, wie können es seine Mitschüler dann verstehen?

Sam betritt die Schule, begrüßt seine Freunde, fühlt sich wohl und hat trotzdem keinen Plan.

Das ist ihm egal.

Er hält sich im Stuhlkreis zurück, freut sich mit den anderen Kindern über deren Erlebnisse.

Anscheinend sieht die Lehrerin ihm seine Zufriedenheit an. Sie ermuntert ihn nicht, selbst auch etwas zu erzählen. Stattdessen nutzt sie die Gelegenheit für eine besondere Frage: „Sam, wir fangen im Sachunterricht demnächst mit dem Thema ‚Haustiere' an. Würdest du deine Eltern und Großeltern fragen, ob du Knäuel mal in die Schule mitbringen darfst?"

„Ja, bitte, Sam!", hallt es wie ein Echo von überallher.

War das jetzt Überrumpelungstaktik? Sam grübelt nicht lange. Nein, die Kinder und die Lehrerin würden sich wohl einfach darüber freuen. „Hm, kann ich machen", sagt er. „Ich bin heute Nachmittag sowieso bei Opa und Oma, dann frag ich sie."

Von allen kommt freudige Zustimmung.

Die Anfrage der Lehrerin und seiner Klasse beschäftigt Sam mehr, als ihm in Mathe lieb ist. Durch seinen Auftrag ist er abgelenkt, nicht, weil er keine Lust zum Aufpassen hätte. So eine Aufgabe und die Textaufgaben passen zusammen einfach nicht in seinen Kopf.

Am Nachmittag wird es mal wieder Zeit für ein Männergespräch mit Opa. Diesem geht allerdings ein Männergespräch mit Knäuel voraus. Knäuel muss schließlich auch zustimmen. Das macht er beim Gassi-Gehen: Er versteht Sams Vorschlag vielleicht nicht sofort, aber er wedelt mit dem Schwanz. Das bedeutet Zustimmung.

Im Gespräch mit Opa vereinbaren sie einen Plan. Es ist keine verrückte Idee, die sie besprechen. Im Gegenteil: Es ist eine rührende Idee – aber ein komplizierter Plan. Das findet sogar Oma, die gleich informiert wurde, als der Plan ausgetüftelt war. Sie machen sich an die Arbeit, legen fest, wer wofür zuständig ist, damit zum Schluss alles wie am Schnürchen läuft.

Im dritten Gespräch – mit Sams Eltern – geht es nur darum, das Vorhaben zu erklären. Sam wusste, dass seine Eltern zustimmen würden. Nach der Vorstellung bei Omas Geburtstag hatten sie ihn zu Hause sehr gelobt: „Samuel, du hast heute bewiesen, dass wir uns auf dich verlassen können!" Aber das Erklären des Plans dauert lange. Denn dieser ist sehr aufwändig und erfordert gute Vorbereitung.

Um das Wichtigste kümmert sich Sam am nächsten Schultag. Seine Lehrerin hat nichts dagegen, dass Knäuel nicht zum Vormittagsunterricht kommen soll, sondern am Mittwoch der nächsten Woche zum Nachmittagsunterricht. Sie findet den Vorschlag sogar gut: Da sei ohnehin Sachkunde und die Klasse nachmittags immer froh, wenn es nicht zu streng zugeht. „Soll ich dir bei der Organisation helfen?", will sie wissen.

„Nein, mein Opa und ich bereiten alles vor. Wir würden zeigen, was Knäuel alles kann. Ist es okay, wenn wir das draußen im Schulhof machen?"

„Das ist eine gute Idee. Sag bitte deinem Opa schon mal vielen Dank dafür. Wir sind sehr gespannt." Sams Lehrerin freut sich echt.

Da fällt Sam noch etwas ein: „Das hätte ich fast vergessen: Können wir das Mikrofon und den Lautsprecher benutzen? Dann könnte man die Kommandos besser verstehen."

„Klar doch, Sam. Dafür werde ich sorgen. Du und dein Opa, ihr übernehmt meinen Unterricht, und ich organisiere die Anlage."

Ort, Zeit und Zubehör sind schon mal festgelegt, denkt Sam. Jetzt liegt es nur noch bei mir, ob alles klappt ... Allein der Gedanke daran, was er sich da aufgeladen hat, macht ihm weiche Knie. Das lässt er sich aber nicht anmerken.

Die Schulwoche wird eine der längsten in seinem bisherigen Schülerleben. Es gibt so viele Dinge zu tun, die wichtig sind. Alle wichtigen Menschen kennen den Plan und unterstützen ihn. Alle, bis auf seine Klasse, seine Klassenlehrerin und ... die Hauptdarstellerin! Wenn das schiefgeht, verwandeln sich seine Schmetterlinge im Bauch wieder zurück zu Raupen.

Alle unterstützen ihn, aber er ist der Chef. Wenn's nicht klappt, ist immer der Chef schuld.

Es ist Mittwoch, 13.30 Uhr. Sam klingelt am Tor des Kindergartens.

„Hallo, wer ist da?", möchte eine freundliche Stimme wissen.

„Ich bin's, Sam. Ich wollte Martha abholen. Mama hat Ihnen ja Bescheid gesagt."

„Stimmt. Komm rein! Martha zieht sich gleich an."

„Hallo Sam! Wohin gehen wir?" Martha weiß von Mama, dass sie heute von Sam abgeholt wird. Es kommt ihr aber komisch vor, dass nur sie sich anziehen soll. Die anderen Kinder spielen noch. Der Kindergarten ist also noch nicht aus.

Sam beugt sich zu ihr und erklärt mit bedeutungsvoller Miene, dass sie heute Nachmittag mit ihm zur Schule gehen darf.

Martha freut sich: „In die Schule?" Sie kennt den Unterschied zwischen Kindergarten und Schule zwar noch nicht so genau, aber sie spürt, dass Schule für Kindergartenkinder etwas Besonderes ist.

„Ja, Martha, du darfst mit mir in die Schule gehen. Knäuel kommt auch mit – und Opa noch dazu!"

Fertig angezogen will sie gerade an Sams Hand den Kindergarten verlassen, als mehrere Kinder rufen: „Tschüs, Martha!"
„Tschüs!", ruft sie zurück, winkt und wundert sich. Die Aufregung der anderen steckt sie langsam an.

13.45 Uhr. Sam wartet mit Martha vor der Schule auf Opa. Der müsste gleich mit Knäuel um die Ecke kommen. Die Schulglocke klingelt zum ersten Mal. Kinder, die Nachmittagsunterricht haben, laufen in ihre Klassenzimmer. Wo bleibt Opa?
„Martha, wir gehen gleich in den Schulhof, wenn Opa mit Knäuel da ist. Du darfst Knäuel an der Leine führen. Auf dem Schulhof zeigen wir den Kindern alles, was wir mit Knäuel geübt haben. Ich sage dir, was wir machen, und du machst es einfach. Okay, Martha?"
„Ja, Sam, du sagst, ich mach's."
„Hallo, ihr zwei, wie bestellt", verbreitet Opa Fröhlichkeit.
„Gott sei Dank!", schnauft Sam erleichtert.

Nachdem beide dem aufgeregten Knäuel Kopf und Rücken gekrault haben, betreten sie den Schulhof. Am Rand steht schon der Lautsprecher, darauf liegt das Mikrofon und daneben stehen ein kleines Podest und Markierungshütchen.
„Opa, bleibst du mit Knäuel und Martha beim Lautsprecher? Ich verteile die Hütchen."
Sam grenzt mit den Hütchen einen Platz ab, ungefähr so groß wie eine Zirkusmanege. Kaum ist er fertig, rasselt die Schulglocke zum zweiten Mal. Letzte Vorbereitungen und Anweisungen. Soundcheck am Mikro: „Eins, zwei, eins, zwei ..."
Funktioniert. „Martha, halte die Leine von Knäuel! Knäuel, komm hoch aufs Podest! Opa, du musst jetzt bitte die Manege verlassen." Wie ein Profi regelt Sam alles, bis die Zuschauer kommen.
Die erscheinen nun auf dem Hof. Leise und staunend.

Sams Herz pocht bis hinter die Ohren. Er schaut zurück: Knäuel sitzt, Martha steht und hält die Leine fest, Opa ist ein paar Schritte zurückgegangen und hat alles im Blick. Sam schnappt sich das Mikrofon: „Bitte stellt euch hinter den Hütchen auf", spricht er ganz ruhig zu seinen Mitschülern.

Das tun alle wie auf Kommando.

Sam will die Kinder gerade begrüßen, da geht die Tür zum Hof noch einmal auf. Er glaubt fast nicht, was er nun sieht: Alle Vorschulkinder des Kindergartens strömen durch die Tür, samt ihren Betreuerinnen. Das stand doch gar nicht auf seinem Plan ...

„Hallo", ruft Martha stolz und winkt mit der freien Hand.

Zwanzig Vorschulkinder, Marthas Kindergartenfreunde, stellen sich zu Sams Mitschülern.

Sam verfolgt sprachlos das Geschehen. Er hat noch keine richtige Erklärung dafür, als die Tür ein weiteres Mal aufgeht:

„Dürfen wir auch zuschauen?" Da kommt Oma, gefolgt von Mama und ... von Papa!

Die Lehrerin nickt und grinst dabei so verschämt, dass Sam schwant, dass irgendeiner den Plan ausgeplaudert haben muss. Er war's nicht, das weiß er. Er hat geschwiegen – wie ein Grab.

Aber Sam fängt sich rasch: „Nachdem diese Überraschung echt gelungen ist, würden wir drei gerne anfangen. Wir, das sind Martha, Knäuel und ich."

Alle Gäste, von sechs bis sechsundsechzig Jahren, klatschen. Sie sind gespannt auf das, was kommt, und sie sind fröhlich.

Sam muss sich konzentrieren. Denn was jetzt folgt, das weiß niemand außer ihm. Er hat eine kleine Rede einstudiert. Die war eigentlich nur für seine Klasse, Opa, seine Lehrerin und für Martha bestimmt: „Liebe Mitschüler, liebe Vorschüler, liebe Erwachsene", klingt es aus dem Lautsprecher, „meine Schwester Martha, unser Knäuel und ich wollen euch etwas aus unserer

Hundeschule vorführen. Auch wenn der Platz hier aussieht wie eine Manege, ist es doch kein Zirkus. Hundeschule ist kein Zirkus!"

Opa nickt.

Sam wendet sich an seine Mitschüler, von denen viele schon einmal dabei waren, wenn er mit Knäuel Kommandos geübt hat. „Ihr kennt das meiste schon, was wir euch zeigen. Es wäre langweilig für euch, wenn ich das mit Knäuel vorführen würde."

Sam ist klar, dass das geflunkert ist. Manche Mitschüler könnten Knäuel sicherlich tausend Mal zuschauen. Einige denken jetzt vielleicht, dass jemand von ihnen geholt würde. Er blickt in die Runde und fährt fort: „Ihr wisst, dass Martha bisher immer Angst vor Hunden hatte. Heute seht ihr zum ersten Mal, dass Martha Knäuels Leine in der Hand hat und neben mir steht."

Das war den anderen bisher gar nicht aufgefallen: Martha hält die Leine, Knäuel sitzt auf dem Podest. Jetzt sind mindestens fünfzig Augenpaare auf Martha und Knäuel gerichtet. Die Vorschulkinder und die Drittklässler tuscheln leise.

„Wir drei möchten euch zeigen, was wir miteinander geübt haben. Martha, bist du bereit?"

Martha strahlt und nickt.

„Dann lauf mit Knäuel an den Hütchen entlang und begrüß mit ihm die Gäste." Er schaut Martha an, schaut Knäuel an und wartet ab.

„Komm, Knäuel!"

Schon springt Knäuel vom Podest herunter.

„Sitz!", befiehlt Martha und gibt ihm ein Leckerli. Das darf er nun erst mal fressen. Die Kindergartenkinder finden es lustig, wie er dabei schmatzt. Martha guckt ihn an: „Fuß, Knäuel!", fordert sie ihn auf und geht zwei Runden mit ihm an der lockeren Leine, ohne dass er zieht.

Sam erklärt durchs Mikrofon: „Bitte während der Übung nicht klatschen. Aber immer, wenn er sitzt, dürft ihr klatschen."

Darauf haben die Zuschauer nur gewartet. Während alle applaudieren, frisst Knäuel seine Leckerli. Die sind ihm lieber als das Geklatsche der Menschen.

„Martha, könnt ihr das auch ohne Leine?"

Martha strahlt, nickt und klippst die Leine ab. „Fuß, Knäuel!" Sie marschieren wieder zwei Runden. Die Begeisterung der Zuschauer ist grenzenlos. Wie kommt es bloß, dass dieser halbhohe, drollig-struppige Kerl neben Martha her trabt, sie dabei anschaut und sich durch nichts drausbringen lässt, als wenn er das immer schon so gemacht hätte? Martha genießt den Applaus – und Knäuel die Leckerli. Die vergisst Martha nie.

„Wir möchten jetzt etwas zeigen, was wir noch nie geprobt haben. Martha, nimmst du Knäuel mal an die Leine?"

Martha greift die Leine, klippst sie mit dem Karabiner an.

Sam hält die Leine und sagt: „Such dir ein Kind aus und bring es mit. Aber nur, wenn es möchte und keine Angst hat."

Martha schaut ihn fragend an. Sie überlegt. Für Martha ist das ein schwieriger Satz. Sie soll losgehen, ein Kind aussuchen, es mitbringen, davor aber feststellen, ob es möchte, und sonst ein anderes Kind aussuchen?

Dass das zu kompliziert war, kapiert Sam gleich, nachdem er es ausgesprochen hat. So etwas passiert ihm ab und zu. Er verbessert sich: „Kannst irgendein Kind holen."

Martha geht los. Sie schaut den Kindern ringsum lachend ins Gesicht, hört gar nicht richtig, dass die meisten rufen: „Martha, nimm mich!" Sie hört vor allem: „Martha, Martha, Martha." Sie genießt es. Sie nimmt den, der am lautesten ruft. „Du", sagt sie und zeigt mit dem Finger auf … Christian.

Oh, nein, denkt Sam, das hätte nicht sein müssen. Sie waren sich inzwischen zwar nicht mehr spinnefeind, aber entschuldigt hat sich Christian bisher auch nicht. Und Martha sucht ausgerechnet ihn aus! Sam lässt sich nichts anmerken, als Christian Martha zum Mikrofon folgt. „Christian, du hast keine Angst vor Knäuel?"

Der schüttelt den Kopf.

„Okay, bitte stell dich hier zum Podest. Da hast du die Leine."

Jetzt strahlt Christian. Er hält die Leine und offenbar fühlt sich das an, als ob Sam ihm den ganzen Hund übergeben hätte.

„Martha, komm mit mir!"

„Ohne Knäuel?", fragt sie verwundert.

„Ja, der bleibt bei Christian."

Martha hat verstanden. Sie dreht sich um. Der Blick ihrer leicht schrägen Augen und Knäuels Kulleraugen treffen sich. „Knäuel, bleib!", befiehlt sie und macht mit der rechten Hand ein Stopp-Zeichen.

Sam und Martha gehen auf die gegenüberliegende Seite. Christian ist stolz. Knäuel schaut nun ihn mit seinen Kulleraugen an.

„So, Christian, jetzt musst du mutig sein –", ruft Sam. „Nimm Knäuel die Leine ab!"

Christian wird etwas unsicher. Bis jetzt hatte er den Hund an der Leine. Spürt das Tier, dass er mal Sams größter Feind war, wenn er ihm zu nahe kommt? Aber das muss er riskieren. Die Blamage, wenn fünfzig Zuschauer ihn beobachten, die würde er nicht ertragen.

Zaghaft beugt er sich herunter. Seine Finger tasten sich Stück für Stück an der Leine entlang bis zum Karabiner. Er fühlt Knäuels Fell, spürt seine Wärme. „Klick" macht es, und der Karabiner ist gelöst. Christian schaut ins Publikum und kommt sich vor wie der mutigste Junge überhaupt.

„Gut gemacht, Christian! Behalte die Leine in der Hand. So, Martha, jetzt bist du dran."

Martha schaut Knäuel an, nein, sie strahlt ihn an. Knäuel strahlt zurück. „Knäuel, komm!"

Knäuel trabt los. Wie beim Tennis blicken die Zuschauer nach links, nach rechts, nach links, nach rechts … Sie sind von Knäuel und Martha gleichermaßen fasziniert.

In diesem Moment läuft eine Katze über den Hof. Die Katze des Hausmeisters. Muss die gerade jetzt in die Vorführung platzen? Schockstarre bei Sam! Er fürchtet, dass nun sein ganzer Plan zerplatzt wie eine Seifenblase an einem Stein, sobald der Jagdtrieb bei Knäuel erwacht. Er hatte wirklich an alles gedacht, nur nicht an des Hausmeisters Katze. Und Martha hat seinen früheren Erzfeind ausgesucht. Die Blamage für ihn, Knäuel und Martha könnte nicht größer sein: Knäuel ohne Leine, allein auf weiter Flur, sein angeborener Jagdtrieb …

In Sams Kopf überschlagen sich wilde Gedanken. Sein Blick geht von der Katze zu Knäuel. Knäuel bleibt stehen und schielt zur Katze. Jetzt, denkt Sam, passiert's.

Doch da – Sam traut seinen Augen kaum – trabt Knäuel auf Martha zu, ohne die Katze eines weiteren Blickes zu würdigen. Er läuft unbeirrt weiter, bis sich die Zuschauer nicht mehr drehen müssen. Dann ist er bei Martha.

„Knäuel, sitz!" Der Hund sitzt und schmatzt seine Leckerli so genüsslich, dass er seine Lefzenhaare vollsabbert.

Hundert Hände klatschen wie verrückt. Marthas Kindergartenfreunde sind stolz auf ihre Martha. Auch Sams Mitschüler sind stolz. Ohne ihre Mithilfe hätte Knäuel nicht so viel gelernt. Die Erwachsenen sind sowieso stolz. Besonders Oma und Opa.

„Christian, bringst du bitte die Leine und legst sie Knäuel wieder an?"

Das lässt sich Christian nicht zweimal sagen. Auch er ist stolz.

Sam hat ihm sein Vertrauen geschenkt. Er läuft zu Knäuel hinüber, schaut ihn an und klippst die Leine fest, als ob es sein Hund wäre. Nun bekommt auch Christian Applaus. Er strahlt ...

Da stehen sie, die drei Zweibeiner. Der Vierbeiner sitzt und schmatzt.

In der linken Hand hat Sam das Mikro. Mit der rechten fasst er die linke Hand von Christian. Und Christian nimmt in seine rechte die linke Hand von Martha. Deren rechte Hand hält die Leine. Knäuel hat alle vier Pfoten frei. Wie in einem Triumphzug gehen sie zurück zu Lautsprecher und Podest.

Sam lässt Christians Hand los. „Martha: Du und Knäuel, ihr dürft hoch." Er zeigt auf das Podest.

Martha kapiert. „Hopp, Knäuel!" Diesen Befehl kennt der Hund zwar nicht, aber er ist schlau. Und Martha riecht so gut.

Knäuel springt auf das Podest. Martha klettert hinterher, ohne die Leine loszulassen. Christian stellt sich rechts, Sam links von den beiden auf.

„Liebe Vorschüler, liebe Drittklässler, liebe Erwachsene", sagt Sam, „wir sind nun am Ende unserer Vorführung. Ich danke euch fürs Zuschauen."

Zwischenapplaus.

„Martha", beginnt er und will seine Schwester loben. Dann aber hält er inne, bittet Christian, das Mikrofon zu halten, und macht einen Schritt auf Martha zu. Er drückt sie vor allen an sich und flüstert ihr ins Ohr: „Martha, ich hab dich lieb."

Der Applaus geht Sam unter die Haut. Er möchte das Mikro gar nicht mehr zurückhaben.

Christian hält es in der Hand. Er schaut es an. Er überlegt. Dann dreht er sich ein wenig und spricht ins Mikrofon: „Entschuldigung, Martha!"

Martha weiß zwar nicht warum, aber sie strahlt.

Knäuel macht „Platz" und schmatzt.

*Verstanden zu werden
ist für alle Menschen so wichtig wie die Luft zum Atmen.*

Frank Weniger (Jahrgang 1954) ist Schwarzwälder durch und durch: stoisch, umgänglich, hintersinnig, wenn's sein muss auch hartnäckig, lebensfroh. Er wohnt mit seiner Frau in Rottweil und Schluchsee, hat zwei Söhne, die schon lange flügge sind, und war mit großer Leidenschaft Lehrer und später Rektor einer Grundschule. Nachdem er wegen einer Krankheit pensioniert wurde, hat er nun endlich Zeit zum Schreiben ...

Peter Guckes (Jahrgang 1965) ist in Berlin zu Hause, wo er als freier Illustrator und Grafik-Designer arbeitet. Er hat einen Sohn und eine Tochter, die ihn immer wieder auf neue Ideen bringen ... Manchmal wird daraus sogar ein richtiges Kinderbuch.

Weitere packende Jugendbücher zum Themenbereich Inklusion:

Verena Freund

**Im Rollstuhl nach Florenz oder
Wie wir die Mona Lisa zum Lächeln brachten**

Für Sophie sind Bordsteinkanten wie Masern und
Windpocken zusammen: einfach nur schrecklich.
Die Dreizehnjährige sitzt im Rollstuhl, hat tagtäglich
mit Hindernissen zu kämpfen und ist viel zu oft auf Hilfe
angewiesen. Schwierige Fragen beschäftigen sie.
Manche könnte wohl nur ein Genie beantworten –
jemand wie Leonardo da Vinci, von dem ihr Großvater
so gern erzählt.
Als Opa Karl, ein leidenschaftlicher Tüftler und Bastler,
vorschlägt, dem genialen Maler und Erfinder im
mittelalterlichen Florenz einen Besuch abzustatten,
sind die Antworten auf Sophies Fragen plötzlich zum
Greifen nah. Ihre Behinderung kann sie nicht daran
hindern, ein großartiges Abenteuer zu erleben ...

„Eine spannende Abenteuergeschichte für junge
Leser ab 10 Jahren, die Mut macht und zeigt,
dass Menschen über ihre Grenzen hinaus-
wachsen können."

Wiesbadener Kurier

128 Seiten, illustriert, Hardcover, 14,90 €
ISBN 978-3-945648032

Holm Schneider
„Warum Vampire nicht gern rennen"

Flo sieht aus wie ein Vampir und Carolin wie ein
Honigkuchen, wenn sie lacht. Wer die beiden kennt, der
weiß, worüber die anderen Kinder tuscheln. Doch niemand
außer Carolin hat Flo bisher gefragt, warum er die schönsten
Sommernachmittage im Keller der verlassenen Ölfabrik
verbringt …
Und als die beiden auf einer Bergwanderung plötzlich
Hilferufe hören, ahnt Flo nicht, dass er Carolins Vertrauen auf
eine harte Probe stellen wird.
Eine packende Geschichte voller Wärme
und Zuneigung zu Kindern, die anders sind.

48 Seiten, Farbfotos, Hardcover, 9,90 €
ISBN 978-3-981421019

„Was für ein starkes kleines Buch!
Ja, so kann man Menschen erreichen,
wahrscheinlich sogar sehr viele."
Dr. Jan Sandel, ED

Holm Schneider
„Wie der Pleitegeier verschwand"

Der zweite Band über Flo und Carolin, die etwas anders
aussehen als die meisten Kinder. Wieder werden die beiden in
ein Abenteuer verstrickt, das heftiges Herzklopfen hervorruft.
Und auch diesmal gelingt es ihnen auf einzigartige Weise,
jemandem aus der Patsche zu helfen:
Die verlassene Ölfabrik, in der Flo an heißen Sommertagen
Zuflucht gefunden hat, soll abgerissen werden. Zutritt
verboten! Ein harter Schlag für einen, der nicht schwitzen
kann und sich deshalb vor der Sonne verstecken muss …
Zum Glück gibt es Carolin, die ist nie lange ratlos. Aber
kann man einer Freundin wie ihr ein echtes Geheimnis
anvertrauen?

48 Seiten, Farbfotos, Hardcover, 9,90 €
ISBN 978-3-981421071

„… mindestens so spannend wie
‚Warum Vampire nicht gern rennen'."
Treffpunkt Erlangen

Holm Schneider
„Neue Nester für die Schwalben"

Johanna hat Angst – vor Holger, dem Riesenkerl mit der
Narbe am Kopf, der ihr tote Vögel vor die Nase hält und
Unverständliches dazu stammelt. Doch dann erfährt sie
von dem Unfall, bei dem Holgers Gehirn verletzt wurde.
Wochenlang lag er in einem tiefen Schlaf, irgendwo zwischen
Leben und Tod. Als er wieder zu sich kam, glich der Mann
einem Baby: Er musste gefüttert und gewindelt werden und
brauchte ein Schutzgitter am Bett. Monate vergingen, bis er
wieder allein essen oder laufen konnte. Am schwersten aber
fiel ihm das Sprechen, denn Holger hatte fast alle Wörter
vergessen und keins von denen, die er hörte, blieb in seinem Kopf. Die meisten flogen
gleich wieder davon – bis er eines Tages lernte, den Ruf der Schwalben nachzuahmen …

48 Seiten, Farbfotos, Hardcover, 9,90 €
ISBN 978-3-981421088

> „Dieses Buch führt uns sehr anschaulich die
> Auswirkungen einer Schädel-Hirn-Verletzung vor
> Augen und macht auf berührende Weise Mut,
> Betroffene nicht aufzugeben."
> Detlev Jöcker,
> Botschafter der ZNS – Hannelore Kohl Stiftung

Herbert Beckmann
„Opas Geheimnis"

Für Krissie kann es nichts Schöneres geben, als die
Sommerferien in dem großen alten Haus am Meer zu
verbringen. Zusammen mit Mama und Sir Maxwell, ihrem
kleinen Hund. Und wie jedes Jahr freut sie sich, dort ihre
Freundin Maja mit ihren Geschwistern Philli und Tabea zu
treffen. Diesmal jedoch machen zu Krissies Überraschung
auch Oma und Opa mit ihnen Ferien. Über Oma freut sie sich.
Aber Opa? Mit ihm hat sie sich schon früher nicht verstanden.
Und auch jetzt hat sie bald Grund, sich über ihn zu ärgern.
Doch mit der Zeit merkt Krissie, dass sich Opa anders verhält
als früher. Was ist los mit Opa? Krissie nimmt sich fest vor,
noch in den Ferien hinter Opas Geheimnis zu kommen.

64 Seiten, illustriert, Hardcover, 9,90 €
ISBN 978-3-945648070

> „… sensibel ein Thema aufgegriffen, dass mittler-
> weile viele Kinder beschäftigen dürfte."
> Westfälische Nachrichten

Petra Hillebrand
„Glatzkopfzeit"

Die neunjährige Jana und ihr Banknachbar Kevin schenken sich nichts, weder beim Wettklettern auf dem Schulhof noch beim Schimpfwörter-Dart. Dass sie manchmal blaue Flecken davonträgt, macht Jana nichts aus – bis die blauen Flecken immer zahlreicher werden und Jana plötzlich unstillbares Nasenbluten bekommt. Sie muss in die Klinik, wo ihre Krankheit durch Chemotherapie behandelt werden soll. Dort lernt sie Sophie und Max kennen, zwei Kinder mit der gleichen Krankheit. Gemeinsam gründen sie die Glatzkopf-Piratenbande und sorgen dafür, dass es auf der Station nicht langweilig wird. Auch Janas Schulklasse hält Kontakt zu ihr. Vor allem Kevin, der dabei äußerst kreativ vorgeht, verblüfft sie mehr und mehr ...

104 Seiten, illustriert, Hardcover, 14,90 €
ISBN 978-3-945648049

„... ein packendes, Mut machendes, nie bedrückendes Kinderbuch für Betroffene, deren Geschwister, Freunde und alle Liebhaber besonderer Bücher."

Springer Medizin

Und für jüngere Kinder:

Peter Guckes
„Wie Mama mit der Nase sieht"

Meine Mutter kann man nicht beschummeln.
Sie merkt einfach alles. Eigentlich wundert mich das,
denn sie selbst ist gar nicht so perfekt, sondern manchmal
total hilflos, richtig peinlich … Mama ist blind – und
trotzdem die beste Mutter auf der ganzen Welt!

32 Seiten, farbig illustriert, Hardcover, 11,90 €
ISBN 978-3-945648018

„Gut geeignet für Medienboxen rund um die Themen
‚Inklusion' und ‚Behinderung', daher für alle!"
ekz-Bibliotheksservice